U0014590

與教宗對話

SOBRE EL CIELO Y LA TIERRA

JORGE MARIO BERGOGLIO
&
ABRAHAM SKORKA
教宗方濟各、思科卡拉比
—著—
王念祖
—譯—

方濟各與猶太拉比談心靈、家庭與當代關鍵議題

Sobre El Cielo Y La Tierra

CONTENT

專文推薦

開放心靈，從對話開始

王豫元

欣見台灣的啟示出版出了《與教宗對話》一書。這本書的內容是天主教教宗方濟各與猶太教拉比思科卡這兩位宗教領袖間的對話，由兩人之間的真誠友誼以及各自對宗教的深刻體認，在面對現代各種複雜的社會問題時所激發出來的火花，讓我們得以一窺兩位大師雋永的哲思。

早在十六世紀初，許多猶太裔人士即開始陸續落籍於阿根廷首都布宜諾斯艾利斯，這也是教宗方濟各與拉比思科卡結緣的地方。本人有幸於一九九六年至二〇〇三年間代表政府派駐阿根廷服務，參加過現任教宗當時在布宜諾斯艾利斯擔任總主教時主持的彌撒，也結識幾位猶太教拉比及許多猶太裔友人，他們活躍於各種行業，有其獨特的文化素養及生活方式，讀起這本書時追憶往事感觸良深。

教宗方濟各在序文中開門見山地指出：「我們缺乏對話。」、「在日常生活中，有許多障礙阻擋了我們與他人對話：錯誤的資訊、蜚短流長、偏見、誹謗、中傷。這些元素形成了某種譁眾取寵的文化，使我們完全無法對他人坦誠、開放。因此，對話與接觸都失敗了。」這真是對現代社會對症下藥的診斷。

而拉比思科卡也在其序文中提出：「真正的對話，是具有思考能力的人類的生命重心，它促使每個人都試著去認識並了解與他交談的對象。」、「人的靈魂是天主的燈，探照肺腑的一切隱密。這句話最深刻的涵義是：與人對話是為了讓自己的靈魂與另一人更接近，以顯露並探照自己的內心。」我們的社會以及世界上存在的許多冷漠、矛盾、衝突，不就是缺少真正的、誠懇的、無私的、發自內心的對話嗎？

教宗方濟各自去年三月上任以來，展現出親民風格，態度平易近人，極受歡迎。尤其他強調愛與憐憫，關懷貧窮的人、失業的人、難民移民等弱勢族群，又力圖改革天主教會的形象，這些他傳遞出來的訊息，都是與大眾的一種對話。自一八五〇年起即由耶穌會士發行的《公教文明》（*CIVILTA CATTOLICA*）期刊，去年九月十九日發表了教宗接受該期刊主編安多尼・斯帕達羅（Antonio Spadaro）神父的長篇訪談。教宗方濟各在談到他自己時，自稱是「上主注視的罪人」、「他信靠的是主耶穌基督無限的仁愛和耐心」，這是教宗方濟各為自己所下的定義。我們可以發現他謙卑地放下身段，由最低的位置來看待事物，我認為這正是他為了更易於與人對話所採取的最佳角度，令人敬佩。

本書中兩位大師對話的內容涵蓋宗教信仰、祈禱、種族衝突、同性婚姻、離婚問題、安樂死、貧窮問題、老年人、全球化、猶太大屠殺、跨宗教對話及宗教的未來等等，這些都是當代人類所面臨的切身問題，也是每一個人、家庭、社會、國家，甚至整個地球村所需要關心的議題。相信讀者只要用心地去閱讀，一定可以從中發現教宗方濟各悲天憫人的胸襟，進一步深入暸解其精闢見解，汲取大師們成熟廣闊的智慧。

（本文作者為前中華民國駐教廷特命全權大使）

專文推薦

聖者的風範：當拉比遇上教宗

劉振忠

人與人之間總是有一條無形、不容跨越的底線，尤其是不同信仰與宗教間的藩籬，更是難以突破。自古以來，猶太人與基督徒的隔閡就如鴻溝一般的遼闊深邃。但有一位猶太教的拉比——思科卡，與天主教的教宗——方濟各，能夠成為人人稱羨的摯友，實在令人拍手叫好稱讚。

世界各地的宗教衝突不斷，這些以信仰為由攻擊他人的激烈分子，早已迷失在驕傲的自我裡，殊不知眼前所謂的敵人，其實同為造物主的美麗造化，也正是自己的弟兄。

每個人心中所信仰的神，即使具有不同的名字，但本質都是愛，所謂「有愛無礙」，因為愛是拉近彼此距離最有力的繩索，愛是化解所有衝突最有效用的武器。這兩位非凡的宗教領袖，透徹信仰的崇高真義，拋開在上位者的高貴姿態，以愛接納異己並包容不同，坦誠以對，展開一場橫越心靈深處的交流旅程，當拉比遇上教宗，以出世的精神關心人間事，彼此的對話所迸出璀璨綺麗的火花，更是令人拍案叫絕。

天主在不同時代以不同的樣貌出現，思科卡拉比信仰昔在永在的天主，教宗方濟各信仰今在永在的天主，他們在彼此的對話中描繪出那同樣一位永恆的天主。他們談話的內容極為廣泛，包含宗教、信仰、政治、文化、生老病死，以及婚姻、家庭、教育、科學、全球化、社會價值觀與重大歷史事件的種種面向。由此可見，宗教聖職人員並不是關在象牙寶塔裡不食人間煙火的隱居士，而是以入世的情懷積極關心這個世界，並渴望將生活的天主引領到人們面前。

通往真理的道路只有一條，但使用的交通工具或許有所不同，誠如這兩位宗教不同的摯友，搭乘不一樣的交通工具，都在真理的道路上奔馳，直到進入那昔在、今在、永在的永恆國度。最後讓我們能效法這二位宗教領袖的榜樣，以蒼生為念，在主內合一，彼此祝禱，祈願普世人類同享和平、友愛、幸福與快樂。藉由閱讀《與教宗對話》的機會，讓我們也搭乘二位宗教家的順風車，向著同樣的目標前進。

（本文作者為天主教高雄教區主教、輔仁大學董事長）

作者序・一

如鏡子的門面

教宗方濟各

思科卡拉比在他早期的一本著作中提到，首都主教座堂（Metropolitan Cathedral）的門面所描繪的，是若瑟（約瑟）[1]與他的兄弟們重逢相見的景象——他們相擁而泣，數十年的恩怨都交融在那個擁抱中，然後他們向對方問了一個拉近彼此心靈的問題：「我的父親仍健在嗎？」

主教座堂在阿根廷的邦聯建國時期[2]選用這個圖像作為門面，自然有其用意。這個圖像代表了渴望統一的阿根廷人民，它是為了建立一種「相見與接觸的文化」。我曾多次提到，這種文化很難在阿根廷扎根；相反地，我們似乎很容易就陷入歷史所造成的分裂與混亂中。有時我們更像是築牆的人，而非搭橋的人。我們沒有擁抱、哭泣，也沒有探詢父親——我們祖先的傳承與祖國——的狀況。我們缺乏對話。

我們真的不願與人對話嗎？我並不這麼認為。我認為那是因為我們放不下阻礙我們與人對話的身段：霸道、不懂得聆聽、挑釁的言詞、成見，以及諸如此類的各種心態。對話從尊重他人開始，並且確信別人所說的一定也有某些價值。先決條件是我們的心胸要夠寬廣，能夠容得下他人的觀點、意見與提議。對話必須是熱誠的接納，而不是先下手為強。要進行一段對話，我們必須先懂得如何降低自我的防衛之心，打開自己的家門，伸出友善的手。

在日常生活中，有許多障礙阻擋了我們與他人對話：錯誤的資訊、蜚短流長、偏見、誹謗、中傷。這些元素形成了某種譁眾取寵的文化，使我們完全無法對他人坦誠、開放。因此，對話與接觸都失敗了。

然而，主教座堂的門面依然聳立在那裡，像是對人們的邀請。我不記得我們的對話是如何思科卡拉比能和我有所對話，為雙方都帶來了益處。

1. 編注：本書中的聖經章名、人名，在每章首次出現時，皆採用天主教、基督教通用譯名對照的方式，以便教友閱讀。聖經經文則採用天主教通用之思高聖經譯本。
2. 公元一八五二至一八八〇年的這段時期，阿根廷制定了憲法，確立了聯邦政府的屬性，全國的教育與交通事業也有驚人的進步。雖然這段時期培育了阿根廷的國力與自主，但也帶來了社會的震盪。

開始的，但我記得我們之間沒有任何阻礙和保留。他的單純無偽讓對話進行得很順利，我甚至可以在河床隊輸球後，跟他開玩笑說：「你今天該去『喝雞湯』了。」[3]

當他提議將我們的一些對話彙集成書出版時，我衝口而出就說「好」。後來我獨自省思此事，我想，我會毫不思索地贊同，是因為我們這樣的對話已進行了一段時間，這段深刻的經驗鞏固了我們的友誼，也見證了我們雖有各自不同的宗教信仰，卻仍然可以並肩同行。

與思科卡拉比相處時，我從不需要折損我天主教徒的身分，他也同樣不需要委屈他猶太教徒的身分，這不僅是因為我們彼此尊重，也是因為我們對宗教交談的了解。這條道路的挑戰是：如何懷著尊重與關懷，與臨在的天主一同前行，力求完美無缺。

本書就是對這條道路的見證。我將思科卡拉比視為我的兄弟、我的朋友。我深信，在這些心靈反省的過程中，我們兩人的心永遠都不會停止注視著主教座堂的那個門面，它是那樣強而有力，讓人滿懷希望。

3.「河床隊」（River Plate）是阿根廷最受歡迎的足球隊之一，它的勁敵是「博卡青年隊」（Boca Juniors）。阿根廷俗語「喝雞湯」（cazuela de pollo）的意思是：顏面盡失，必須吞下自己的大話。

作者序．二

我們對話的方式

思科卡拉比

「天主就祝福他們說……」[1]這是我們在聖經中所看到的第一個對話。在所有生物中，唯獨對人類，神是以這樣的方式說話。〈創世紀〉的這一段也告訴我們，我們每個人都具備了一種特別的能力，能夠與大自然、與其他人、與我們自身，以及與神建立關係。

當然，人與萬物所發展出的各種關係並不是各自獨立的密閉水箱。我們與大自然的關係是緣於我們對大自然的觀察，看到自然界的創造是如此精密；我們與其他人的關係是建立於我們對他們的關切以及生活的經驗；我們與神的關係是來自於深刻的內心，是一種自我對話的結果，更是經由上述的各種關係所孕育出來的。

1. 創世紀1章28節。

真正的對話，是具有思考能力的人類的生命重心，它促使每個人都試著去認識並了解與他交談的對象。正如同阿根廷作家艾內士多・薩巴多（Ernesto Sabato）在他的《個人與宇宙》（*Uno El Universo*）[2]一書中，用他獨特的風格所說：「人朝向遙遠的島嶼出發，尋求人的智慧，鑽研大自然，或是尋找神；最後他體認到，他所追尋的幻象就是祂。」

當我們與他人交談時，語言只是溝通的工具。但是，即使是在一個所有人都說同樣語言的社群中，同樣的一句話，也多少會帶有一些不同的意義。每個人都會在自己使用的語句中加入個人的色彩，語言的部分特質便是如此累積而來。在一場對話中，需要每個參與者對其他人更加了解。

「人的靈魂是天主的燈，探照肺腑的一切隱密。」[3]這句話最深刻的涵義是：與人對話是為了讓自己的靈魂與另一人更接近，以顯露並探照自己的內心。

當對話到達這樣的深度時，就能體會到自己與另一人的共同之處。他們彼此都對同樣長遠而深刻的問題有著各自的詮釋；兩人的靈魂彼此映照；他們所共同擁有的聖神的氣息，知道要如何將兩人融合起來，與祂建立一個永不衰退的關係，正如聖經上所說：「三股繩不易斷。」[4]

在許多機緣的推波助瀾下，才鋪砌出這條伴隨著各種細節與情況的長遠道路，讓我與伯格里奧（教宗方濟各的原名）樞機得以往來密切，並且相知更深。

有一天，我們安排了時間與地點，讓兩個人可以坐下來好好聊一聊。我們討論的話題是關於生命本身，透過我們所處的社會、對世界的關懷，以及周遭環境中可以明顯感受到的善與惡來表達我們的觀點。我們兩人的交談完全屬於私人性質——如果你不把神的臨在算進來的話。雖然我們沒有口口聲聲提到神（也許應該要？），但我們感受到祂一直都在。

這樣的聚會後來固定舉行，每次都有不同的討論議題。有次聚會是在我的猶太會堂的辦公室舉行，我介紹那些裝飾在牆上的裱框，講到其中一個是偉大的思想家亞伯拉罕・約書亞・赫舍爾（Abraham Joshua Heschel）拉比的手稿，以及其它一些文件。但我的朋友沒有在聽我說話，而只專注於掛在赫舍爾文件旁邊的一幅賀詞，那是幾年

2. *Uno y El Universo* Edición definitive, Seix Barral, Buenos Aires, 1995.
3. 箴言20章27節。
4. 訓道篇（傳道書）4章12節。

前他在猶太新年時送給這個會堂的。在我稍加整理一向零亂的辦公室時，我看到他仍然注視著那張有他自己簽名及日期的賀詞。

我的好奇心油然而生。那一刻他的心中在想什麼？我把那張紙裱裝起來有哪裡特別嗎？我會將它保存並展示出來，是因為我認為那是一份跨宗教對話能在這世上達成的珍貴見證，是因為這個原因嗎？我沒有問他。有時，沉默的片刻本身就構成一種答案。

此後不久，有次我們選在他的辦公室會談。我們談到了在拉丁美州的貧困狀態下宗教信仰的影響力。他說：「我有兩本關於這個議題的書要借給你讀，請在這稍候，我去書房找出來。」我一個人坐在他的小辦公室內，隨意地張望。我看到一個書架，也看了擺在書架上的一些照片，我想這些一定是他很在意的人——在他心中有著特別分量的人。突然間，我看到一個相框，那是我以前送他的禮物。那張照片是有次我們兩人聚會時的合照。

一時間我說不出話來。我找到我先前問題的答案了。就是在那次聚會，我們決定要寫這本書。

每位拉比在陶成時，都要對神許下特別的承諾：一旦開始當律法的講師，他就有義務要成為其他猶太人的模範，讓其他人看到一個人要如何達成對造物主應盡的義務。正如同先知在獨處時經歷了靈性被提昇的經驗後所做的，拉比也應該回到群眾中，以自己所經歷的靈性經驗來教導他們。畢竟，根據聖經的教導，一個人靠自己所能達到的靈性境界，只有當他以此來幫助別人提昇靈性時，才有意義。

雖然拉比慣常以言語來教導別人，但是有一個挑戰是他們無法規避的，就是要去捕捉並且精簡這些理念，以便將之形諸於文字。時間一久，口述的內容會逐漸模糊或失真，但文字記載的理念卻能成為永遠的明證，讓更多人可以接觸到。

當我與伯格里奧樞機在一起時，這兩項功課就合而為一。當我們在討論時，主要的話題及我們關心的重點一向是（以後也會是）每個人與他們遭遇的困難。我們的談話十分隨興，沒有任何預定的議程。因此，將我們私下的談話發行成書，意味著我們必須加強彼此的默契，把兩人的對話轉變成團體討論的形式，將我們的心靈展示在眾人眼前，並且願意接受這麼做可能帶來的風險。我們也堅信唯有如此，才能體會與神日益接近究竟有什麼意義。

01/找尋天主的路徑

ON GOD

思科卡拉比：從我們初次相識到建立起兄弟般的情誼，已經好幾年了。我在研讀猶太法典《塔木德》（*Tulmud*）時，看到裡面有一條說，友誼的意義就是能夠彼此分享食物、有時間相處在一起，但最後它指出，真正友誼的標誌，在於能夠將自己的心坦露在另一人的面前。這就是時間在我們兩人之間所培養的。我相信，能讓我們成為摯友的最重要因素，無可置疑的就是神，是祂讓我們在人生的路徑上相逢，並讓我們互相開放心靈。

雖然我們在這定期的聚會中談論過許多不同的話題，但我們從來沒有特別地談到神。當然，我們都知道祂總是臨在。現在，既然我們計畫要把我們的對話記錄下來當作見證，那麼以祂作為我們對話的開端，應該是個不錯的主意，因為祂在我們的生活中是如此重要。

教宗方濟各：「路徑」，這個名詞用得真好！在我個人與天主交往的經驗中，我不能沒有這條路徑。我必須說，人在旅途與行動中找尋天主，也讓自己被祂找尋，如此才能與天主相遇。這是兩條路徑的交會。另一方面來說，我們是隨著發自內心的本能，走上了尋找祂的路徑；然而，當我們和天主彼此相遇時，我們才體認到，原來從一開始就是祂在尋覓我們。

最古老的宗教經驗就是一趟旅途：「離開你的故鄉，往我指給你的地方去。」[1]這是天主給亞巴郎（亞伯拉罕）的預許。在這個許諾中，盟約就在這裡、在這旅途中成立，並隨著時間的進展而更加堅定。因此我說，我與天主的經驗也是在路徑上發生的，不只是在尋找的路徑上，也是在開放自己被找到的路徑上。而這些路徑可能會有各種不同的面貌——痛苦或喜樂的，光明或黑暗的。

思科卡拉比：你說的讓我想到聖經中的一些章節。譬如，神告訴亞巴郎：「你當在我面前行走，作個成全的人。」[2]還有，當米該亞（彌迦）先知要向以色列人解釋神對他們的要求是什麼時，他告訴他們要「履行正義，愛好慈善，虛心與你的天主來往。」[3] 如果用我們兩個都學過的最簡單的科學名詞[4] 來形容，那麼毫無疑問，與神相遇的經驗是「動態」（dynamic）的。但是，我們看到現代人對神的觀念卻是如此混淆、世俗、輕蔑。你認為，我們要如何對他們講述神呢？

教宗方濟各：我們必須告訴每個人，要往自己的內心深處去看。耽溺於玩樂是內在的裂痕。它不會帶領我們找到真正的自我，它只會擋在我們前面，讓我們看不到自己心中的那面明鏡。首先，我們要收斂心神，與自己的對話由此開始。有時我們相信只有天主才有答案，但這種想法不能用在這裡。我會告訴現代人，要去追求進入內心深處的經驗。這種經驗，就是去體會天主的肖像。這就是為什麼我喜歡約伯在經歷了極度痛苦、與他人對話也毫無幫助時，他所說的那段話：「以前我只聽見了有關你的事，現今我親眼見了你。」[5] 我會告訴人們，不要只靠所聽見的來了解天主。活生生

1. 創世紀 12 章 1 節。
2. 創世紀 17 章 1 節。
3. 米該亞先知書（彌迦書）6 章 8 節。
4. 思科卡拉比是化學博士，教宗方濟各是化學技師。
5. 約伯傳 42 章 5 節。

的天主就在你的心中，是你可以用心靈之眼看見的。

思科卡拉比：〈約伯傳〉（約伯記）教了我們非常重要的一課，簡單地說，因為它告訴我們，我們永遠不可能知道神在每個特殊的情況下，會如何顯示祂自己。約伯是一個正直公義的人，他想要知道為何他會失去所有一切，甚至他的健康。他的朋友告訴他說，是因為他犯了罪，神才這樣懲罰他。他則回答說，即使他犯了罪，他也沒有壞到那種程度。後來，直到神顯現在約伯面前，他的心才得到了安慰。他的問題並沒有得到答覆，但神的顯現讓他深受感動。

在這個故事中，有幾件事影響了我個人對神的認知。首先，約伯的朋友們傲慢且愚昧地相信「因為你犯了罪，所以神懲罰你」的理論，這無異於把神視為一部只會計算功、過、賞、罰的電腦。在故事的結尾，神告訴約伯——那時他對造物主的不公已有無數抱怨——他應該為他的朋友們代禱，因為他們談論神的話語並不正確。[6]事實上，在神的眼中，那些在痛苦中呼求、要求天上公義的人，是受神所喜悅的；那些堅持只以粗糙的看法來了解神之本質的人，則是為祂所不悅的。

我的了解是，神會以很微妙的方法來給我們啟示。我們現在所受的苦，將來可能成為其他人的答案。或者，我們自己是在回答過去的某些事件。在猶太人的信仰中，想要榮耀神，就是遵循祂所啟示的誡命。如你剛才所說，每個人、每個世代都必須找到那條讓他們能夠追尋神、感受到祂的臨在的路徑。

教宗方濟各：確實如此。我們領受了天地萬物作為禮物，天主將它賜給了我們，但同時也賦予我們一個任務：管理這個大地。這是一種初始型態的非文明：人類領受了這個原料後，就應該加以開墾，使之進入文明的狀態——就像把木頭製成桌子那樣。但是，有時人類在執行這個任務時，行為過當，過度狂熱而失去了對大自然的尊重，於是造成生態問題，譬如全球暖化，結果成了一種新型態的非文明。

人在天主之前與在自己面前所做的事，必須保持「禮物」與「任務」之間的平衡。如果人只是守住禮物而不工作，他就沒有達成他的使命，而只停留在原始狀態；當人對他的工作過度狂熱時，他便忘卻了這份禮物，變成構成主義者（constructivist）的心態——認為每樣東西都是靠自己努力得來的成果，而非來自天主的禮物。這就是我所說的「巴貝耳症」（Babel syndrome）。

6. 參見約伯傳42章7-8節。

思科卡拉比：在拉比文學中，有這樣一個問題：為何神不喜歡巴貝耳塔（巴別塔）？為何祂要使人類的語言混亂，使這座建築蓋不下去？這些文本所給的最簡單解釋是，人類想要建造摩天高塔，是來自外邦人的信仰。這種行為表現出人對神的傲慢心態。

《米德拉什》（*Midrash*）[7]上說，真正令神惱怒的是，泥水匠對少掉一塊磚的關心，勝過有人可能會從高處跌下來的擔心。這是同樣的道理——在禮物與工作之間存在一種拉力，這需要有個完美的平衡，因為人需要進步，才能達到更高的人性。雖然萬物都是神所創造，但人是塵世的中心，也是神最偉大的作品。然而我們現在的生活方式，唯一關心的只有經濟成長，最不在乎的就是人類的福祉。

教宗方濟各：你說的真好。巴貝耳症不只是一種構成主義者的心態，也顯示出語言的混亂。典型的徵狀就是過分誇大任務，而藐視了禮物。因為在這種情況下，純構成主義者在執行任務時缺少對話，連帶地也造成侵犯、誤導、怨恨……。當我們閱讀梅瑟・邁蒙尼德（Mose ben Maimoniads）[8]與聖多瑪斯・阿奎納（St. Thomas of Aquinas）這兩位幾乎是同一時代的大哲的著作時，我們看到他們總是先將自己擺在對手的位置上來了解對手——他們總是從對方的角度開始對話。

思科卡拉比：根據《塔木德》的闡述，尼姆羅德（Nimrod）是巴貝耳的獨裁統治者，他嚴密地掌控所有事物，所以當時人民只說一種語言——他的語言。這位暴君下令建造一座可以通天的高塔來為自己留名，也因此，他相當狂妄地自認可以更加接近神。這個建築的目的不是為了人類的好處，增進人民福祉對他而言毫不重要。因為他們只是為了自己而建塔，他們使用的也只是一個暴君的語言，而非普世的語言，所以他們被懲罰了，每個人都變得只會說一種沒有其他人能聽懂的語言。這是一個非常重要的故事，而且令人難以置信地，它也總是與我們息息相關。

7.《米德拉什》是《塔木德》的智者寫的一套詮釋聖經的文獻。

8. 邁蒙尼德被譽為中古世紀猶太最偉大的哲學家與拉比。他融合了猶太與亞里斯多德的哲學。這種思維在他的經典名著《困惑者的導引》（*The Guide for the Perplexed*）一書中尤其顯著。

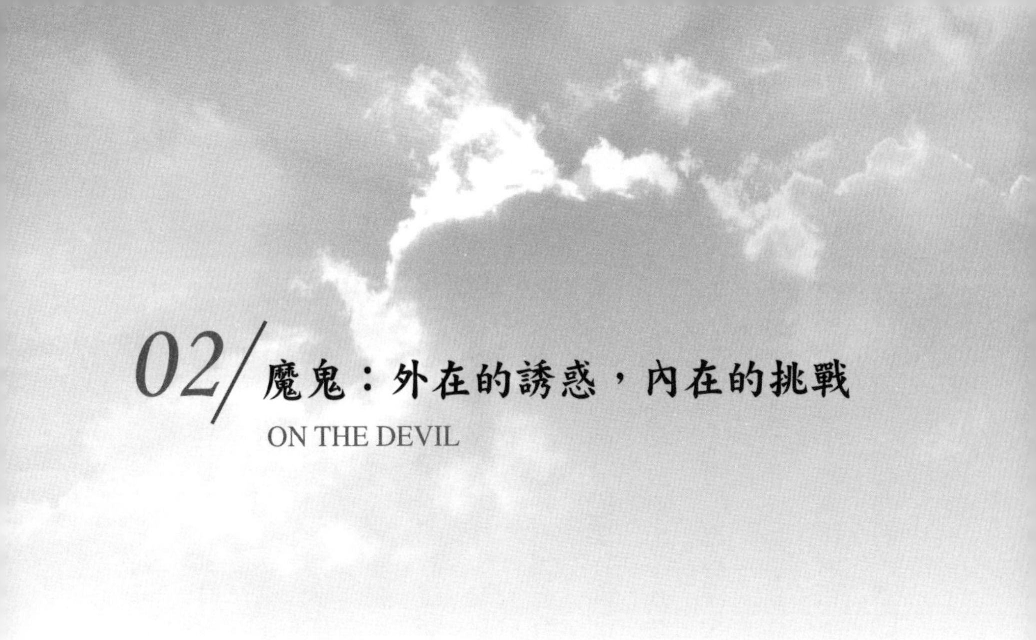

02／魔鬼：外在的誘惑，內在的挑戰

ON THE DEVIL

教宗方濟各：就神學的定義來說，魔鬼是選擇不接受天主計畫的精神體。天主最偉大的傑作就是人類，有些天使不能接受這件事，於是他們背叛了——魔鬼是他們當中的一個。在〈約伯傳〉（約伯記）中，魔鬼是誘惑者，他想方設法地要破壞天主的工作，使我們因為自滿而心生傲慢。耶穌稱他為「謊言之父」，〈智慧書〉中也提到，因為魔鬼嫉妒天主的傑作，罪惡才進入這個世界。他造成的總是毀滅：分裂、仇恨，以及誹謗。依我自己的經驗來說，他時時刻刻都在我的左右，誘惑我去做一些天主不要我做的事。我相信魔鬼的存在。也許一直以來，他最成功的地方就是讓我們相信他不存在，而且認為所有問題都只靠人的方法就能解決。

人生在世就是一場戰鬥，〈約伯傳〉說，這句話的意思就是人會不斷地受到試探——一個要克服環境與克服自己的試探。宗徒聖保祿（保羅）用在競技場中參加比賽的運動員來做比喻：他們必須放棄許多自己喜歡做的事情，才能夠成功。基督徒的生活也是一種運動、一個掙扎、一場競賽，我們必須棄絕那些會使自己遠離天主的事。我要更進一步地指出，魔鬼是一回事，將人或事情妖魔化，又是完全不同的另一回事。人會受到誘惑，但不需要把人妖魔化。

思科卡拉比：關於這個議題，在猶太神學中有許多不同的意見。猶太神秘主義中有所謂的「另一種力量」——與魔鬼勢力有關聯的事物。眾所周知，在聖經中，蛇的形象可以被解釋為引誘人背離神的一種魔鬼力量，但是，〈約伯傳〉中的撒殫以及那個顯現在巴郎（巴蘭）面前的，更能讓人思考神的本質。

在約伯的故事中，當我們看到一個什麼都不缺的人感謝神，即使他是個正義的人，我們心中可能也會浮起撒殫向神質疑的那個問題：如果神祝福一個人、讓他擁有一切，這人怎會不感謝神呢？但是當他遭遇危難時，他還會同樣地感謝神嗎？而在巴郎的故事中，當摩阿布（摩壓）之王巴拉克（巴勒）聘請他去詛咒以色列時，撒殫將自己擋在巴郎面前，讓巴郎不會違背神的命令，拒絕巴拉克（巴勒）的請求。[1]

當我們談到萬物的善與惡的表現形式時，我覺得將這問題解釋得最清楚的章節，就是〈依撒意亞先知書〉（以賽亞書）中所說的：「神造了光明，也造了黑暗；祂造了幸福，也降了災禍。」[2] 這是非常深奧的一段經文。我的解讀是，黑暗的本質並不存在，它代表的是缺乏。同樣地，當善被移除時，惡就會發生。但是，惡的本質也是不存在的。我比較喜歡談論「本性」，而不是談論天使。對我而言，本性與外來的力量關係不大，而是人的內在挑戰著神。

教宗方濟各：天主教的神學也認為有一種內在的元素，我們可以將之解釋為人有了原罪之後的墮落本性。我們都同意你所說的本性，從這個角度來說，如果人做了一些不好的事，不見得都是由於魔鬼的煽動。有的人會因為外在的誘惑，隨著自己的本能，以本性去做一些壞事。

福音書中對此的描述非常令人震撼：耶穌開始宣講前，先在荒野裡經歷四十天的禁食與祈禱。這時撒殫誘惑他，要他將石頭變成餅，又向他保證從聖殿頂上跳下去也

---

1. 參見戶籍紀（民數記）22章。
2. 依撒意亞先知書（以賽亞書）45章7節。

不會受傷，更許諾耶穌可以得到任何他想要的東西，只要耶穌朝拜他。這就可以看出，魔鬼想利用禁食的現實狀況，建議耶穌使用「全能的解決方法」，要他以自己為中心（以一個自滿、虛榮、驕傲的方法來解決），這樣就能使耶穌背棄自己的使命，不以上主的僕人自居。

思科卡拉比：說到底，是否接受魔鬼的普遍概念因人而異，就看我們怎樣理解及詮釋我們所認定的聖經經文。但是很明顯的是，某種元素確實存在，無論那是本性或是魔鬼，它都會成為我們的挑戰，我們必須要克服它，才能根除邪惡。我們不能讓罪惡來統治我們。

教宗方濟各：這正是人生在世的戰鬥。

03/ 有神論、無神論，以及不可知論

ON ATHEISTS

教宗方濟各：當我與無神論者對話時，我通常會先從社會議題開始講起，而不會一開始就提出「是否有神」這個問題，除非他們先提出。如果他們先提出，我會告訴他們為何我相信神的存在。人性是如此豐富，我們有很多可以分享與討論的，也因此我們可以很容易地互相增長彼此的豐盛。

作為一個信徒，我知道這種豐盛是來自天主的恩賜；我也知道對方是個無神論者，因此他不明瞭這一點。我與他建立友誼不是為了要改變他的信仰，或是改變他的無神論。我尊重他，但我呈現我自己。只要互有了解，尊重、感情與友誼也會隨之而來。我對他沒有任何排斥，我也不會說他的生命就是沒救的，因為我確信我沒有權力來審判那個人的真誠；更何況，如果他讓我看到人性的美德，那不但提昇了別人，也給我帶來益處。

無論如何，我認識的「不可知論者」（agnostic）多於無神論者；前者比較不確定，後者較為堅定。我們必須同意我們從聖經中所學得的：每個人都是天主的肖像，不管他是否相信天主。從這一點來說，每個人都有許多美德、優點以及自己的長處。如果他有什麼弱點，就像我也有，我們可以互相分享來幫助彼此克服這個弱點。

思科卡拉比：我同意你說的，第一步是我們要尊重他人。但這裡我要表明我的觀點。當一個人說「我是無神論者」時，我相信他是站在一個自傲的立場。心中仍抱持著懷疑的人，立場則稍有不同。不可知論者認為自己還沒找到答案，但無神論者是百分之百地確信沒有神的存在。

同樣的傲慢態度，也導致了有些人堅稱神絕對存在，認為神的存在就像我現在坐的這張椅子一樣地確定。有些宗教人士就是如此確信的，但其實我們並不絕對知道祂的存在。我們可以在非常奧秘的感覺中體驗到祂，但我們從沒見過祂。我們從祂那裡接收到的是非常微妙而難以捉摸的回應。

根據猶太的律法書《托拉》（*Torah*，又稱《梅瑟五書》或《摩西五經》），梅瑟（摩西）是唯一跟神面對面、直接說過話的人。所有其他人，譬如雅各伯（雅各）、依撒格（以撒）等等，神只在夢中或透過其他使者向他們顯現。雖然我相信神的存在，但如果說祂的存在就像另一個確定的生命存在一樣，那就太傲慢了。偶爾我也會不確定神的存在，因為我必須時時保持謙卑——就像我要求無神論者也該保持謙卑一樣。

我們該做的，是去指出哲學家邁蒙尼德在他的十三個信仰準則中所說的：「我以全備的信德相信神是造物主。」按照邁蒙尼德的思維，我們可以說神不是什麼，但我們永遠無法確定神是什麼。我們可以講出祂的美善及特質，但我們無法描述祂的形體。我要提醒無神論者，自然世界的完美傳達給我們一個訊息：我們可以了解它是如何運作的，卻無法了解它的本質。

教宗方濟各：與天主相遇的心靈體驗是無法掌控的。人可以感覺到天主的臨在，他可以非常地確定，但他無法掌控天主。我們是被造來管理自然的，這是天主的命令，但是我們不能控制我們的造物主。因此，當我們經驗天主時，總會生出無法得到答案的問題，這正是讓我們依靠信德的時候。

拉比，你說的這件事，有一部分是可以確定的：我們可以說天主「不是」什麼，也可以說祂有什麼特質，但我們無法說祂「是」什麼。這種「否定論」[1]的法則就是我講述天主的方式，這在我們的神學中是很必要的。英國的靈修神學派對這個議題做過很多討論。十三世紀時，他們其中一人寫了一本書，名為《不可知的雲彩》（*The Cloud of Unknowing*），書中一再地想要描述天主，但最後總是指出祂不是什麼。

神學的任務是要思考及解釋宗教的各種真相——神也是其中之一。對於那些不只想要明確地定義天主有什麼特質，還想要妄言祂是誰的神學，我也要將他們歸入傲慢之流。〈約伯傳〉不斷地在討論天主的定義，有四位智者闡述了這個神學的追尋，但最後還是歸於約伯的這句話：「以前我只聽見了有關你的事，現今我親眼見了。」[2]

約伯最後所體認的天主形象，與他最初所想的大不相同。這個故事的意義是，那四位神學家的觀點並不真實，因為天主一直在被人追尋，也一直被人尋得。在我們面前的是一個弔詭的情況：我們追尋祂，是為了要找到祂；因為我們找到了祂，所以我們追尋祂。這是一個非常奧古斯丁式的理論。

思科卡拉比：我以完全的「信心」來相信神的存在。不同於無神論者確定且不容懷疑地相信祂絕不存在，我用「信心」這個名詞來暗示非常些微的不確定。至少，我必須承認弗洛伊德（Sigmud Frud）說的：「我們需要有神的觀念來減輕我們對存在主義的不安。」不管怎麼說，在我對各種否定神之存在的理論做了深入分析後，我仍然相信神的存在。在我做完了研究後，我也仍然感到神的臨在。但是我保留一定程度的懷疑，因為這是個有關存在的問題，而不是一個數學理論，而且就算是數學理論都不免有些可以質疑的空間。

所以，當我們思考關於神的問題時，必須使用一些特殊的語彙，平日的邏輯是行不通的。邁蒙尼德很久以前就提出過這種概念。不可知論者會繼續創造他們著名的詭辯，譬如：如果神是全能的，祂一定可以創造一塊祂自己舉不起來的石頭；但是，如果祂創造了這樣一塊石頭，祂就不是全能的了。

神超越了任何邏輯及弔詭的矛盾。邁蒙尼德解釋說，神知道一切事物的全貌，我們所知的卻只是侷限的知識。如果我們知道的和神一樣，我們自己就是神了。

---

1. 否定論（apophatic）是指一種研究天主的學術方法，一般稱為「否定神學」（negative theology）。這種方法試圖用「天主不是什麼」來描述祂，也就是說，天主完全的美善是無法說明的（天主是不可知的）。這與「肯定神學」（cataphatic theology）相對。
2. 約伯傳 42 章 5 節。

04／宗教信仰的本質

ON RELIGIONS

思科卡拉比：每個人與神的關係都是獨特的。我們每個人不是都有不同的個性、不同的愛好、不同的生命經驗嗎？所以，每個人與神的關係、與神的對話都是獨特的。不同的宗教信仰對這種對話也會有不同的影響。人們常問：「為什麼會有不同的宗教存在？」我相信答案是「因為每個人的經驗都不一樣」。當眾人分享不同的經驗，而在其中找到同樣的特質時，宗教就由此形成。

以猶太教來說，因為它是一個有數千年歷史的古老宗教，所以必須要以古老的詞彙來表述。在羅馬文化中，「宗教」、「民族」與「人民」這三個名詞分別具有不同的意義，但在比羅馬文化早了大約一千年的猶太文化中，這三個觀念是不可分割的。要成為猶太民族的一分子，也意味著必須接受其宗教信仰，如同盧德（路得）對納敖米（拿俄米）所說：「你的民族，就是我的民族；你的天主，就是我的天主。」[1]

另外，猶太教有「神的選民」的觀念，這個觀念有時會造成很多困惑。亞巴郎（亞伯拉罕）與神相遇，後來他們訂立了盟約，亞巴郎承諾他的子孫要來完成這個盟約。這個盟約的核心是，這個民族必須遵守神要啟示給他們的倫理標準，這樣一來，他們就能見證神確實與人同在。如同〈亞毛斯先知書〉（阿摩思書）所說：「由世界上一切種族中，我只揀選了你們，為此，我必懲罰你們的罪惡。」[2]

在〈亞毛斯先知書〉九章七節中，同一位先知以神之名說：「你們對我豈不是像雇士子民？豈不是我由埃及領出了以色列，由加非托爾領出了培肋舍特人，由克爾領出了阿蘭人？」我們是神為了這個任務特別選出來的民族，每個世代都必須選擇與祂重新繼續這個誓約。不幸的是，痛恨我們的人誣指我們相信自己是「特優種族」，把納粹對自己民族的定義強加在我們身上，但又同時認定猶太人是「劣等民族」。基督信仰將「以色列子民」的觀念擴展開來，將所有擁抱這個信仰的人們都包含在內。

教宗方濟各：天主讓每個人都能在心中感受到祂，祂也尊重所有民族的文化。每個民族將他們所體認的天主，以自己的文化加以詮釋、提昇、淨化，並賦予一個體系。有些文化的詮釋比較粗簡，但天主對所有民族保持開放。祂召叫每一個人，祂感動每一個人去尋求祂，並經由祂的創造來發現祂。以猶太教與基督宗教而言，我們有著個人的啟示。天主親自與我們相遇，祂將自己顯現給我們，祂為我們指出道路並陪伴我們前行，祂告訴我們祂的名字，祂藉著先知帶領我們。基督徒相信，最後祂將自己顯示給我們，並經由耶穌基督把祂自己賜給了我們。

然而在此之外，在歷史的過程中，因為某些現實因素造成了分裂，形成了不同的團體，以不同的方式過著基督徒的生活，像是宗教改革運動。我們經過三十年的戰爭，形成了不同的信仰。這實在令人難以接受，也是一個恥辱的時期，但這是無法改變的事實。天主是充滿耐心的，祂等待，而且祂絕不殺戮。是人想要代表天主這樣做。以天主之名去進行殺戮，是一種褻瀆。

思科卡拉比：人怎能去詆毀其他不同宗教的人，如果這些人非常虔誠、還幫助他

1. 盧德傳（路得記）1章16節。
2. 亞毛斯先知書（阿摩司書）3章2節。

人更接近神？有些人自認知道絕對的真理，總是以高傲的姿態去判斷其他人與他們的行為，這種人習慣以可恥的異教徒信條去對待他人，有這種態度的人不在少數。

異教信仰是聖經文學的中心主題。古代以色列人在贖罪節[3]獻祭時，需要用兩隻羊。按傳統，這兩隻羊應該要盡量相似，[4]一隻要獻祭給神，另一隻要讓牠帶著人民的罪放入曠野。這自然引出了一個問題：「神真的需要人獻祭嗎？」邁蒙尼德認為，[5]人覺得他們必須這樣做，來表示他們的感恩，神也容許他們用這樣的方法來接近祂——但是有一定的限制，譬如，不可以用人來獻祭。既然人覺得需要用祭品來表達他們自己，那麼神就為他們立下規範。

回到前面的話題，當我從這個角度來研究贖罪節的禮儀時，我很好奇：「為何這兩隻羊必須相似？」我找到的答案是，有時我們可能會發現，在相同的包裝下，有不同的東西掩藏其中。一個人可能和別人一樣，口中說著神的名字、身上穿著象徵純潔或靈性高雅的衣服，但是在這同樣的外衣下，流出來的卻是最惡劣糟糕的東西。有時異教徒與純潔信徒只是一線之隔。在二十世紀，有些人使用一些被當作宗教禮儀的方法點燃了群眾的致命狂熱。這時候，神被推到了一邊。

教宗方濟各：以天主之名去殺人，是把意識型態轉為宗教經驗。當這種事情發生時，是政治操作介入，以天主之名逐漸神格化當權者。做這些事的人，是把自己當成天主。他們在二十世紀蹂躪了整個國家，因為他們把自己視為神。土耳其這樣對待了亞美尼亞人，史達林主義的共產黨這樣對待了烏克蘭人，納粹這樣對待了猶太人。他們用神聖性的演講來殺人。利用膨脹的自我意識來殺人，實在是一種狡猾的手段。

十誡中的第二誡要我們愛近人如己。沒有一個信徒可以將自己的信仰侷限在他自己、他的親族、他的家人或他居住的城市中。一個信徒應該去幫助他所遇到的每一個人，不論那人是不是基督徒。聖經在這方面描述地非常生動：對那些對自己兄弟行不義的人、那些不去幫助別人的人、那些不將天主的恩慈帶給貧苦困乏者的人，亞毛斯先知就是一條鞭子。律法中也有「拾穗」的精神。那是什麼意思？〈盧德傳〉（路得記）中有描述，你不可再回到你已經收割過的田地，因為剩下的麥粒，必須留給寡婦孤兒去撿拾。

3. 肋未紀（利未記）16章。
4. Mishnah Yoma 6:1.
5. *The Guide for the Perplexed*, part III, chap.32.

思科卡拉比：聖經教導我們，我們都是第一個人的後裔。換句話說，我們所有人都是彼此有關連的手足，我們絕對不可漠視另一個人。整部聖經可說是只有一個要求——不可漠視你的靈性、神，以及近人。這麼說來，宗教的社會功能是什麼？

教宗方濟各：讓我們再回到十誡的前兩誡。第一誡是「你應全心、全靈、全意愛上主」，第二誡是「你應愛你的近人如己」。耶穌說，全部的律法就在這兩條誡命之內。因此，一些宗教改革派人士主張宗教只能侷限於教堂的範圍裡，不能出現在其他任何地方，這是令人無法苟同的。有些宗教行為通常只會在敬拜的場所中進行，譬如敬拜聖體（adoration）或讚美、敬拜天主，但其他的事則是在教堂以外的地方發生的，譬如宗教所有的社會功能。

宗教是從整個社群與天主相遇開始的，是天主主動地接近，並與祂的子民同行。在人的整個生命過程中，信仰繼續成長，並成為倫理、宗教、處世與其他各方面的導引。在這當中，還有對其他人的行為規範——公義。我相信經由這樣的薰陶，敬拜天主的人必會感到他必須以公義對待他的兄弟。這是極有創意的公義，因為由此產生了其他東西：教育、社會發展、關懷、社會救助……等等。所以，一個完善的信徒會被稱為「義人」，因為他將公義帶給他人。

從這個角度而言，宗教的公義（或說是宗教性的公義）形成了文化——敬拜永生天主的人所形成的文化，這和崇拜偶像的人所形成的文化截然不同。教宗若望保祿二世有句非常率直的名言：「一個不能產生文化的信仰，不是真正的信仰。」他特別強調的是「創造文化」。現在我們的社會中就有許多崇拜偶像的文化，譬如物質主義、相對主義、享樂主義，都屬於這類例子。

思科卡拉比：敬拜只有在包括其他事物的時候才有意義，否則就不是敬拜了。到底我們在敬拜什麼？敬拜誰？這是最基本的問題。這也是為什麼我常說「神父和拉比必須捲起袖子來參與」的原因。宗教禮儀只是宗教的一部分。一個既不充滿生機、也不幫助人善度生活的聖堂，才是真正異教文化的一部分。

教宗方濟各：我們必須捲起袖子來參與，這是毫無疑問的。現在的神父不再穿他們的教士服了。有位剛晉鐸的神父因為穿著教士服，被其他神父批評。他去請教一位有智慧的神父：「我穿教士服有什麼不對嗎？」這位有智慧的神父回答他說：「問題不在於你是否穿教士服，而在於你是否捲起袖子來服務他人。」

思科卡拉比：信仰是活的，信仰若不想被淘汰，就必須與外面的世界一直保持聯繫。信仰不會改變的是它的價值觀。究其根源，每一個社會的形成，都是基於下列這三個問題的答案：這個社會如何理解神、人，以及大自然？猶太教認為：神是永生的；神所創造的一切中，人是最珍貴的；大自然是神從無到有而創造的。這種獨特的觀點是猶太文化與希臘羅馬文化的分野。希臘羅馬文化屬於多神信仰，眾神彼此爭鬥，並在抵達奧林帕斯山之後，逐漸介入了人的生活。

猶太文化帶給這個世界的新觀念，是相信只有一位純粹屬靈的神。因而，啟示到來——神將祂自己啟示給了人，特別是以色列人——然後有了《托拉》，這是用平常語言寫的，易於了解的律法準則彙編。這並不是一成不變的條文。當我們研讀猶太法典《塔木德》時，可以看到他們在辯論的是，這位拉比或那位拉比如何闡釋對《托拉》的不同領悟。這就是為什麼猶太文化一直有演進及革新思想的原因。

然而我要強調的是，能夠體現其價值觀的原則是不能改變的。有些人只注重祭獻儀式要用哪些經文，或是一個祭典是否按照某些規矩進行。這些人保持了一個非常重要的傳統，但如果沒有配合著公義、正直與慈悲的生命，那也只是宗教的一個面向罷了。這樣的人只是選擇了一張包裝紙——一個包裝漂亮的盒子，裡面卻空無一物。有一位哈西德派（Hasidic）的拉比曾說：「如果我完全按照我父親做事的方法去做事，最後我就會與他有同樣的價值觀。但我的父親是我的父親，我是我。他的生命經驗有一部分對我有用，但只是一部分。」

教宗方濟各：我同意，那些經由先祖的見證與證言所保留下來的事物，才是最重要的。在我們的宗教裡，宗徒就是我們的先祖。在公元第三、四世紀時，那些啟示的信仰真理經由神學系統性的闡述而傳遞下來，成為我們繼承的無價之寶。但這並不表示在歷史的長河中，經由研究與考察，我們沒有發掘任何有關這些真理的新認知：譬如，基督是怎樣的？我們要如何發展教會？真正的基督徒應有怎樣的言行？或者，誡命到底是什麼？

這些認知都因為新的詮釋而有了更豐盛的意義。有些事情可以辯論，但是我再次強調，傳承是無可動搖的。人的思想可以加深宗教信仰的內涵，但如果要加深的東西與我們所繼承的神聖傳統衝突，那就是異端。信仰的表達會隨著時代而精進，但是這個過程是緩慢的，因為我們與繼承的傳統有神聖而密切的契合。這種對傳統的尊重，讓我們在過程中非常謹慎，不致因為圖快而出錯。有位中世紀的神學家對於傳承過程中人們如何發展與了解天主的啟示，做了如此的定義：「所有合法的進展與所有正確的演變，都包含在被時間整合的傳承中，隨著歲月增長，因著時光拓寬。」

用我們所繼承的傳統來解答當代的新問題時，需要時間，特別是當這問題是與我們的道德良知有關的時候。在我孩提時代，一個離婚的人是不可以進入你家的，特別是離婚後又再婚的人。如今，教宗自己邀請那些再婚的人回到教會生活中，請他們多祈禱、參與堂區的事工，以及參加慈善工作。

只因為他們踩到誡命的邊緣，這並不會抹殺他們已經接受的洗禮。我承認，這種腳步無法趕上社會改變的速度，但是教會的領導者在尋求天主的聲音時，必須要有充分的時間來找到答案。儘管如此，這其中仍然存在著被經濟、文化、地理政治利益所混淆的危險。要知道如何去分辨，是極為重要的一件事。

05/ 真先知還是假先知：宗教領導者該具備的條件

ON RELIGIOUS LEADERS

思科卡拉比：對於那些希望能成為宗教領導者的人，我相信我們都同意此事的關鍵字眼就是「聖召」（vocation）。如果沒有聖召，那就什麼都別說了。另一個我們常強調的字眼則是「傳統」。服事神的聖召會在深刻自省——發現自我、加強與近人的關係、覺察到自然界的訊息——的過程中浮現。

當我們還是青少年、還在找尋一條可以導引人生的道路時，我們會從各種試探的過程中發現神在靈性方面的廣闊。因為這樣的發現，有些人便決定要對神做出最高的承諾。一個人一旦要成為靈性上的引導者，他要服事神的最大挑戰就是將自己交託給身邊的人。根據〈創世紀〉的故事，神按照自己的肖像造了人。肖似某人或成為某人的肖像，代表和這位某人有相關連之處。所以，我們可以從身邊鄰人的身上看到神。這不只是理論上的說法，也是實際的情形。

多年的教書經驗教導了我，對那些決定獻身修道的人要特別注意。因為很不幸地，歷史告訴我們，有許多人違反了靈修的本質，卻仍然以心靈導師自居，結果只是帶領著他的徒眾造成令人憤怒的悲劇，諸如大衛教派或圭亞那事件。[1]我們對那些自認是別人的救世主的人，要極端地小心。

教宗方濟各：我同意「聖召」這個用詞，在我們的傳統中，這是至關緊要的。當天主要讓我們知道祂時，祂會召叫我們：「離開你的故鄉、你的家族和父家，往我指給你的地方去。」[2]天主來到了我們面前，天主召喚我們，這就是我們在一個偉大領導人的聖召中所看到的。

在我們的傳統中，一個使命總是從一個召叫開始。有個一直讓我感受很深的例子，就是耶穌在革辣撒（格拉森）地方驅魔的事。耶穌將魔鬼從某個人身上趕走後，這人想要跟隨耶穌，但耶穌沒有允許他，反而要他留在自己的家鄉，將在他身上發生的事告訴鄉人。耶穌以婉轉的方式建議他：「去向你的同胞宣講天主的大能。」也就是因為這樣，「聖召」這個詞才顯得這麼重要。

有時，召叫或聖召也可能被拒絕或推辭。在福音書中，最常見的典型例子就是富貴少年的故事。耶穌憐惜地看著他，也很喜愛他，因此告訴這位青年，如果想要更緊密地跟隨祂，就必須變賣自己所有的一切，施捨給窮人來跟隨祂。這位年輕人聽了面帶愁容，因為他非常富有，耶穌要他做的，他實在做不到。耶穌邀請他、召叫他，但這位少年沒有被打動，這個召叫被阻擋了。

在福音書中，耶穌說：「不是你們揀選了我，是我揀選了你們。」一開始時，正確的分辨是必要的，這是我們所謂的基督徒靈修的正確意向。這並不是說有人會像騙子一樣帶著不良企圖而來，而是有些不自覺的動機可能會轉變為盲目的狂熱或其他心態。在陶成的過程中，每個人都必須淨煉正確的意向，因為沒有人是完全誠實地回應聖召的，即使是那些發現自己被召叫的人也一樣。回應召叫的心態是混雜的，因為我們都是罪人。

1. 編注：大衛教派是美國一個極端教派，一九九三年美國執法人員圍困其中一個分派的總部，結果造成雙方共八十六人死亡的事件。圭亞那事件則是發生於一九七八年，南美洲圭亞那瓊斯鎮的集體教派自殺慘劇，有九百一十四名信眾在事件中身亡。

2. 創世紀 12 章 1 節。

思科卡拉比：〈申命紀〉中有段經文非常有趣，它教導我們如何分辨假先知與真先知。[3] 猶太法典《塔木德》中提到，即使是假先知，也可能會用些神蹟來證明他的主張。這段〈申命紀〉的經文非常重要，它說，假先知會企圖引導你離開神、正義以及尊重生命的道路。這段經文描述了多方面檢驗的方法，用以判斷對方是不是假先知，還有，如果領導者有時會在宗教語言的包裝下（無論是有心或無意的），用很強的心理控制力量將他的團體導向敗壞，他的信徒團體該如何自處？聖經中有很多章節講述這樣的事。聖經的教導就是要謹慎，要遠離那些想要霸佔你的心、把你封閉在他的掌握中，以便控制你的心靈及欲望的人。

再回到我先前提到的〈申命紀〉章節——每個人都必須檢視先知傳達的所有訊息的核心思想是什麼。如果這個訊息與公義、仁愛、和平相牴觸，那就是虛假的，我們應該要拒絕它。信徒團體可以用一個方法來分辨，一個領導者是否想要限制他們的心靈自由或是想要奴役他們，就是看這個領導者是否會以絕對肯定的口吻說：「這是神告訴我的，所以事情一定就是這樣。」同樣的方法也可以用來檢驗一位老師，看他是否顯露出他所說的任何事都是絕對正確的。如果有人這麼做，你就不能信任他們。

信仰的教導是以謙遜的方式傳達的，總是留有可以疑問的空間。在〈耶肋米亞先知書〉（耶利米書）二十七章，神告訴先知，以色列人民應該要繼續背負巴比倫王拿步高（尼布甲尼撒）的軛、繼續服事他，祂命令耶肋米亞在自己的頸上放一個木軛作為記號，讓人民知道他們不應該有任何反抗的計畫。此後不久，另一位先知哈納尼雅（哈拿尼雅）出現，他將耶肋米亞的木軛取下，並且折斷。耶肋米亞並沒有阻止他，也沒有告訴他神不是這樣說的，而只是默默承受哈納尼雅的舉動，然後自行離去，私下再去詢問神。後來，神確認他原來說的是正確的：以色列人民應該要繼續背負巴比倫帝國的軛。

這個故事讓我們看到兩件事。第一，神是「動態」的，祂也會改變心意。聖經上說：「回頭歸向天主，好使天主改變祂的旨意。」這是來自〈約納先知書〉（約拿書）的訊息。我們不能以絕對的字彙來談論神以及祂的訊息，信仰的行動包括提出那些因為懷有疑問而激起的不同解釋。這個故事教導我們的第二個觀念，是關於宗教領導者的最重要的一個名詞，也就是「謙遜」——在《托拉》中，唯一直接用來描述梅瑟（摩

3. 申命紀13章2-6節。

西）德行的詞，就是「謙遜」。

無論是哪一位宗教領導者，如果他態度傲慢、缺乏謙遜、言辭自大而武斷，他必定不是一位好的宗教領袖。一位自大而不知如何與人相處的領導者，會常常重複地說「我是……」，這樣的人不應該成為宗教領袖。

教宗方濟各：不過就是有，就是有這樣的宗教領袖，「說給我聽，夫人」——這是我那個時代由李莉．馬歇爾（Nini Marshall）飾演的卡特琳娜（Catalina）的名言。[4] 我喜歡你關於懷疑的說法，因為這直接說到了每一個想要在天主面前保持行為正直的人都會有的經驗。天主子民的偉大領導者，是那些能夠容許別人有疑問的人。

我們再回頭來說說梅瑟，他是那時在世上最謙遜的人。在天主前，沒有人比他更謙和。要成為天主子民領導者的人，必須為天主留下更多的空間：懷著疑問而謙卑自下，帶著內心黑暗的經驗，不知如何自處，所有這些最後都會成為非常好的淨化過程。一個不良的領導者總是自信而固執。壞的領導者有一個特徵，就是因為他的自信而過度刻板。

思科卡拉比：懷疑是信仰所必須的要件。事實上，信仰是從我們感到懷疑時開始。我意識到神，我感覺到祂，我與祂多次交談，但是，對我們信仰最重要的是，我們繼續不斷地尋求祂。我可以百分之九十九．九九確定祂，但絕不會到百分之百；因為我們一生都在尋找祂。

對猶太人而言，信仰也是由同樣的疑惑開始。在猶太人大屠殺之後，我們自問，神怎能這樣離棄了我們。如果祂代表的是完全的公義，為何祂不阻止？祂不總是陪伴著義人與受苦的人嗎？同樣的問題約伯也問過，他質問神，為何讓他的孩子們死去，為何他失去了健康及所有的一切，他明明是個正直的好人。每一次神給他的回答都是：「我有我的原因，那是人無法了解的，這些疑問會一直存在。」

教宗方濟各：我總是被我前面引用過的、約伯說的這句話所吸引：「以前我只聽見了有關你的事，現今我親眼見了你。」[5]經過試煉後，一個人的看法會有所不同，見解也會增長。就傳教而言，謙遜才能確保天主與人同在。當一個人驕傲自負，自認對所有問題都有答案時，就證明了天主沒有與他同在。

4. 李莉．馬歇爾，原名瑪莉娜．崔佛索（Marina Esther Traveso, 1903 - 96），著名的阿根廷女性劇作家及喜劇演員。她飾演過最著名的角色是卡特琳娜，一個總是喜歡說朋友及鄰居閒話的義大利移民。

5. 約伯傳 42章 5節。

在所有假先知身上，還有在所有拿宗教來滿足自我意識、誤入歧途的宗教領袖身上，都可以看到這種自負。這就是所謂的宗教偽君子，因為他們口稱天主，說祂在萬有之上，卻不遵行祂的旨意。耶穌對信徒們論及這些人時是這麼說的：「凡他們對你們所說的，你們要行要守；但不要照他們的行為去做。」6

思科卡拉比：我們必須不斷地言傳身教，在那些被揀選將成為宗教領導者的人心中，注入謙遜的意識。我們應該試著不斷地叮嚀他們，他們被揀選去從事的任務，是一件神聖的工作。

我的會眾當中有一個少年團體，我告訴那些將要成為各小組組長的孩子們說，他們有一個非常特殊的任務。首先，他們必須要懂得小孩子要如何玩在一起的理論，這樣他們才會享有最美好的時光。他們也必須教導其他孩子合群的重要性，這樣他們才會學得如何與別人相處。但是，如果我們只是教導這些，我們的領導者與其他非宗教團體的領導者就毫無差別了。這也是為什麼我告訴他們「最重要的是，你們有責任讓這些兒童接觸到信仰生活的氛圍」。他們的任務是聖潔的，因此，他們應該藉著特別為孩子們設計、讓孩子們能夠體會祈禱與禮儀，來建立靈性的部分。

這些小團體的領導者對拉比的工作確實有許多助益。此外，所有這些在領導位置的人，都必須體認到他們不可以讓自己的問題影響到工作，也絕不可以因為居於領導位置而太自信。當我與遭遇困難或有傷痛的人談話時，我總是告訴他們：「讓我們看看我的『老闆』怎麼說。」我從不敢因為我是拉比而顯示出我有特別權力的樣子。

有一次，我在主持完婚禮後，有一對我在八年前為他們主持過婚禮的夫婦來與我寒暄。我首先想到的就是問他們有沒有孩子了，但不幸的是，這位太太懷孕期間流產了。我握住他們的手說：「願你們堅強，要有信心。」過了一段日子後，這位妻子終於生了個女孩。他們回到會堂來做傳統的嬰兒命名禮，禮儀一結束，他們就前來問我是否記得我曾勸勉他們要堅強、有信心地往前走。我很明白地告訴他們，雖然我曾給他們很好的鼓勵，如他們剛才所說的，但不要認為是我的話讓他們懷孕成功，我所做的只是向神祈求。旁邊有些人開玩笑說，我應該讓大家都知道這件事，這樣我們的會堂會擠滿會眾，奉獻源源不斷。

教宗方濟各：不愧是治癒大師，拉比！

6. 瑪竇福音（馬太福音）23章3節。

思科卡拉比：絕對不是。當然，我相信有些人擁有能幫人治病的心靈力量，但奇蹟是來自天主，絕不是來自人類。哈西德派傳統[7]的教導說，按《塔木德》的記載，[8]世界是由三十六名義人出現來支撐的，但是，只要他們中的任何一人自認為義人，他們就不再是義人了。

教宗方濟各：每當我看到神奇的治癒者，甚至是神蹟、神視之類的事情時，我會不由自主地感到懷疑，這些事情會讓我採取防衛的姿態。天主不是一種快遞服務，不會隨時隨地給人送信。這和一個信徒說他感受到什麼是完全不同的。

雖然我們必須承認整個歷史過程中都有先知的存在（而且他們會繼續存在），我們也必須尊重那些被天主揀選作為先知、具有先知德能的人，但是，我指的並不是那些常常可以看到、說他們帶來了天堂訊息的人。我必須公開指責很多發生在布宜諾斯艾利斯的事件，因為他們多到令你無法相信。

如果認為自己在祈禱時所得到的神慰，就是對整個世界的預言或啟示，那就未免太幼稚了。有時候，有人感受到一些什麼，然後由於低劣的解釋或是不穩定的心理狀態，他們就誤以為那是預言。不久之前，有一位女子在電話中對我說，她有個訊息要給所有的阿根廷人，所以要我准許她向每個人宣講，「以拯救我們所有人」。她把那個訊息寄給我，我看到其中有些不對勁、不正確的地方，我告訴她，我不能批准。但她很堅持，也不同意我的看法，而且不顧我沒批准就要私下對外傳送這個訊息。有些人就是會覺得自己有某種先知的聖召。

另一個比較容易解釋的問題就是治癒能力。經過科學研究，有些腫瘤科醫師相信，心理可以影響生理，這其中有一些是可以解釋的。也有一些情形是由神父或拉比代禱，為別人的健康祈求，這是被允許的。按照天主的法則行使治癒的人會得到更多信任，因為他們單純、謙遜、沒有花招。否則，那就不是治癒，而可能變成一門生意了。

思科卡拉比：我百分之百地同意。如果有人利用他們的能力來譁眾取寵，他們就不是真正的宗教，而是在製造謊言。有些人跟隨潮流，想從超自然的力量中找到解決他們生理及社會問題的答案。這些人必須了解，當他們去找拉比——我相信也有人去

7. 哈西德派（Hasidicism）是猶太教的一個支派，十八世紀在東歐興起。這個支派有非常多的神秘內涵，他們以聖歌、舞蹈及傳統的儀式來幫助會眾重振信德。

8. Babylonian Talmud, Sanhedrin, 97, b.

找神父——的時候，他們得到的是根據信仰而來的答案。這個答案與醫生的答案絕不一樣。我們不應該把自己當作醫生。如果有人來問我健康的問題，我會說些親切安慰的話，但同時我會告訴他們，他們必須完全遵照醫生的指示療養。

教宗方濟各：對於這個，天主給了我們工具。

思科卡拉比：這讓我想到一個老故事。有次發生了洪水，有個人被困在自家的屋頂上，他大聲求救，很快地，有艘小船划過去救他，但他拒絕上船。「我要待在這裡，因為神會來救我。」他對搖槳的人這樣說。後來有個消防隊的救生快艇來救他，他又拒絕了，他說：「我才不要！我要等在這裡，因為神會來救我。」然後，有架警方的直升機來援救他，但他拒絕登機，又說了同樣的話：「神會來救我。」最後，這個人死了。當他到天堂時，他向神抱怨：「你為什麼沒來救我，讓我死掉？」神回答他說：「你怎麼說我沒去救你？我派了小船、救生艇，還有直升機，但你沒有搭上任何一個。」

教宗方濟各：講得好，拉比！我要再講一下關於領導者的問題。我仍要強調，不能把帶領教會團體與「非營利組織」（NGO）的管理相提並論。我非常喜歡你剛才用的這個名詞：「聖潔」，這是天主對亞巴郎（亞伯拉罕）的命令，這兩個字像是到達超越神性的跳板。但是，把這兩個字用在非營利組織上就不那麼適合了。沒錯，他們必須具有誠實、能被社會接納的行為、如何執行非營利組織使命的理念，以及內部的政策，他們可以成為社會上經營得非常好的組織；但是對於宗教組織而言，聖潔是領導者所必須具備的要件。

思科卡拉比：無疑地，教會團體的領導者都必須是誠實的人，應該心地潔淨地追尋正義，並且言行合一。但是宗教團體領導者的工作還有另一個挑戰，就是調解糾紛——調解人們之間的衝突與狀況，來達到和諧與和平。

在聖經中，有許多代表人向神求情的例子。亞巴郎曾為了拯救索多瑪與哈摩辣（娥摩拉）的義人而與神討價還價，這些城市因為自身罪惡而受到神的詛咒。亞巴郎為了拯救生靈而向神求情。這與我們常見的只是貪求權威與仲裁權力的病態、懦弱心理，是完全不同的！我們看到最可怕的例子，就是二十世紀的一些大獨裁者。有些人類行為與社會互動的研究指出，二十世紀的專制體系，譬如納粹與共產主義，都套用了一些宗教組織的特徵，譬如標誌符號及神秘性。

人們常會冀望有個「救世主」來解決他們所有的問題、免除他們的煩惱。這種渴望常被狡猾邪惡的人扭曲、利用，以此來誘惑人們，控制他們的心靈，最後任由他奴役驅使。阿根廷曾久經這種痛苦。我們的社會喜歡選出「救世主」來當領袖。我想，這就是為什麼我們這裡只會產生管理者而沒有領導者的原因，因為領導者是要帶領國家邁向一個目標，但管理者只是掌管、支配。

真正的領導者是以長遠利益為目標，用超然的心態來支持自己的工作，也渴望就在此刻創造歷史、解決將來的問題，以作為後代的典範。而管理者只注重目前。再則，政治與宗教無關，也與神無關，當然，兩者都需要「參與」來解決社會問題。政治與宗教是兩個不同的制度，但它們要處理的是同樣的問題——人的問題以及他們的困難。唯有經過教育，人民才能夠抵禦會傷害他們的領導者。

06/ 門徒的陶成：神父應該結婚嗎？

ON THE DISCIPLES

教宗方濟各：這時候，我們應該問的問題是：我們要如何陶成與幫助那些決心要走上修道之路的人？有些人相信，要成為神父的人，要熱愛教會的事業。還好，這種說法現在已經不流行了，因為「事業」這兩個字給人一種印象，好像是企業機構招員，有職場的進階等級。實際情況與此完全不同，所有的事情都是從一個人被天主呼喚、召叫、碰觸到開始。我們的陶成共有四個支柱：

第一個支柱是靈修生活：渴望經由內心世界來與天主交談。為此，第一年的陶成專注於了解並練習祈禱的生活，也就是靈修生活。第一年之後，所有這些仍舊繼續，只是不如此密集。

第二個支柱是團體生活：我們根本不考慮隱修式的陶成。融入團體、在團體內成長，是非常重要的事。因為這樣的人才會知道如何去帶領、如何去指導。為達成這個目標，我們有修院。在任何團體中都會出現競爭與嫉妒，這會幫助人開放心胸、學習如何接納別人。有時，連在修院的足球比賽中都可以看到這些情形。

第三個支柱是知性的生活：修生們要成為神學院學生，修習六年的課程。兩年哲學課，作為研讀神學的基礎；之後有教義課，是由學者設計的課程，課程中會解釋天主、三位一體，耶穌，以及聖事。此外，還有聖經學及倫理神學等課程。

第四個支柱是我們所謂的門徒生活：每個星期，修生要到指派的堂區，去協助堂區主任進行牧民的工作。陶成的最後一年，他們就住在堂區。我們將這最後一年的完全投入視為一個讓優缺點都能顯露出來的機會。在那時候，那些需要改進的地方都會很清楚地浮現，那些可以鼓勵他繼續發展的個性與特質也會顯現出來。我們認為這些支柱需要互相作用及影響。

思科卡拉比：在猶太教，要訓練一個人成為拉比不是一件簡單的事，因為學生必須要學習的資料是希伯來文或阿拉美文寫的，上課則是用希伯來文。再加上，因為宗教領導者的短缺，一旦這些修生有了足夠的基本知識，就會去當拉比的助手。

當然，我們的課程中也有像哲學、聖經、《塔木德》、歷史，以及聖經批判等科目。因為我們這裡的修院屬於保守派[1]，我們要學很廣泛的知識及對資料的詮釋，也要學習各個時期的希伯來文學，以及其他與牧靈工作有關的科目，譬如心理學、社會學與人類學。有一點對我們很重要的是，每一個要來修院學習的人，必須有碩士以上的學位，或是正在攻讀學位。

教宗方濟各：天主教的修院不要求大學學歷。在修院取得的是神學或哲學學位，但事實上，越來越多的修生有學士學位，或是有兩三年的工作經驗。不同於以往的是，現在我們可以看到有年紀較大的人進入修院。這是非常好的情形，因為在布宜諾斯艾利斯大學，你將會體驗到真實的生活，各種不同的觀點同時存在，還有不同的科學方法、寰宇的視野……這樣可以讓人學得更腳踏實地。

思科卡拉比：這正是我們為什麼如此要求——這樣一來，神職人員才會了解現實生活。他們的學位最好是在人文方面的，但這不是一項要求。我自己是布宜諾斯艾利

1. 按猶太保守派的教導，傳統的習俗及律法必須要遵守；但是，與非常傳統的教派不同的是，他們與當代科學的發展保持著深度與活潑的知性對話。

斯大學畢業的化學博士，我們可以從神的完美化工來認識祂。我原本以為自己會成為各種科學領域中某一類的研究員，即使我一直很喜愛猶太研究。後來，我投身去教猶太文化，我在攻讀博士學位時，已經受職成拉比了。正如愛因斯坦所說的，我真希望擁有神創造宇宙時所用的藍圖。我不相信科學與宗教之間有衝突。我認為，我們發現的宇宙秩序，是神給人的一連串線索。

教宗方濟各：我們修院大約只錄取百分之四十的申請人，所以聖召是要經過分辨的。舉例來說，有一種心理現象：有病理症狀或精神官能症的人，會藉此尋求外在的安全感；也有一些人覺得他們在自己的生命中不會成功，因此要尋找能保護他們的組織，而這些組織的其中一種就是神職工作。

在這方面，我們非常謹慎。我們試著去更深入了解這些表示有興趣的人，在他們進修院前，我們給他們做深度的心理測驗。此外，在他們進入修院之前一年，我們會每週集會，我們可以從他們在社區的生活中觀察及分辨誰有聖召，以及哪些人其實只是在找個庇護，或是沒有正確的分辨聖召。

假設所有進入修院的人都有聖召，後來他們也可能不忠於這個聖召。就像撒烏耳（掃羅）一樣：他被召叫，但他背叛了天主。[2] 陷入世俗的情形就是個例子——歷史上不乏貪圖世俗的神父及主教。我們可能會認為身邊有女人就是陷入世俗，但那只是常被提起的雙重生活的一種。有些人為求得政治上的聯盟或為了世俗的享樂而在信仰上妥協。有位天主教的神學家亨利・德呂白克（Henri de Lubac）曾說，被傅油及被召選的人可能發生的最壞情況是，他們依世俗的標準來生活，而不是按照寫在石板上的天主誡命及福音。

如果整個教會都發生這種情形，那就比那段令人難堪的神父放蕩享樂的時期還要糟糕了。最壞的修道生活就是陷入世俗，依世俗標準而活，成為「半吊子」的主教或「半吊子」的神父。

思科卡拉比：猶太教也嚴格要求我們要避免物質主義。《塔木德》中有一段指出，智者譴責那些只為眼前、只為此時此地的享樂而活的人——那些看輕及藐視死後與超性生命的人。因為我們現在的所作所為，都會影響到未來。

到目前為止我們是一致的，但我要問，從這裡開始，我們會看到猶太教與天主教

2. 撒烏耳（掃羅）沒有服從天主的規定與誡命。參見〈撒慕爾紀上〉（撒母耳記上）13 章 7-14 節、15 章。

觀點的不同，我們要如何處理這一點？某個時期開始，天主教會決定做最高標準的要求——放棄婚姻及家庭生活的完全獻身——要求一個人生活在這個世上，但不能捲入世俗的事物。在這方面，猶太教的看法不同。猶太教認為：「你必須接受在這個世上生活的挑戰，與所有現代潮流所帶給你的困難搏鬥，同時繼續保持你的價值標準。」然而，在猶太團體內，有些嚴守教規的人，他們還是把自己禁閉在猶太區內，除了基本的生活必需之外，與外面的世界完全無涉。

在另一方面，我屬於保守派——雖然更適當的名稱應該是傳統派——也就是說，猶太教是一腳踏在世間，面對、處理世間的問題，但同時穩定地立足，堅持反對物質主義。這樣做很困難，這也是猶太教現在最大的問題之一。現在，我們不只是住在猶太區內，我們改變了，變得更有世界觀。我們此刻要奮戰的是，不要被潮流牽絆，但要繼續追尋靈性。

天主教的神父有個極為困難的挑戰：要融入大眾，不要把自己關在象牙塔裡。傳統的猶太教也是同樣的。我們共同的挑戰是要避免被物質主義影響，但是我們用不同的方法來解決同樣的根本問題。

教宗方濟各：有一點讓我先說明一下，天主教的神父不能結婚，是西方禮（Western Rite）教會的傳統；但是在東方禮（Eastern Rite）教會的傳統中，神父是可以結婚的。聖職人員在晉秩之前可以結婚，但如果他在成為神父時仍是單身，就不能再結婚。全心過著信仰生活的平信徒（指沒有聖職的一般教友）在信仰上的旅程與你所說的相同。

置身於世俗之中、被世俗之事所纏繞，卻不能被世俗所左右，這是非常艱難的一件事。那麼，我們這些已被祝聖、奉獻全部生命的聖職人員又是怎樣呢？我們是如此軟弱，因此，總是面臨著各種必須克服的誘惑。人們都希望可以魚與熊掌兼得，既想要過著修道生涯，又想要有平信徒生活的好處。在進修院之前，我就是抱著這樣的想法。但是，一旦一個人認真地思考要選擇獻身的生活，他就會往這個方向尋求力量。至少，我就是如此。

不過，這並不表示你以後都不會碰到令你心動的女性。當我還是修生時，我在叔叔的婚禮中對一位年輕女孩一見鍾情。我驚訝於她的美貌與才智，也為此感到欣喜……所以，嗯，我的心思動搖了好一陣子。婚禮結束後，我回到修院，我一整個星期都無法靜心祈禱，因為每當我準備要祈禱時，這個女孩就浮現在我心頭。我必須定下心來想想我到底在做什麼。那時我還是自由之身，因為我只是個修生，我大可以說聲「後會有期」就捲鋪蓋回家。我必須再次仔細考慮我的抉擇，然後，我再次地選擇了——或許我應該說，我讓我自己被揀選了——去過一個獻身修道的生活。

像這樣的事，如果一次也沒有發生過，那才是反常。當這樣的事發生時，當事人必須找到自己的定位。他必須衡量他是否能確認自己的抉擇，或者他也可以這麼想：「不行，我感覺這愛情太美好了，我怕以後無法保持自己修道的決心，我必須退出修院。」如果有個修生有這樣的想法，我會幫助他平安地離去，讓他去做一個好的基督徒，而不是一個不稱職的神父。

在我所屬的西方禮教會中，神父不能像拜占庭禮、烏克蘭禮、希臘禮（Byzantine, Ukrainian, Greek Rites）教會的神父一樣結婚。在那些教會中，神父可以是已婚的，但主教不行，主教必須守貞獨身。他們都是很好的神父。有時我會開他們玩笑說，他們家中有個女人，但他們不知道，他們也給自己多找了個丈母娘。

在天主教的西方禮教會中，這個議題也常被討論。目前為止，教會仍然堅定地要求聖職人員必須獨身守貞。有些人會以非常現實的觀點說，我們這樣要求，會失去很多人力。如果，我只是假設，如果西方教會在獨身議題上有所改變，我相信那是基於文化的原因（如同東方禮教會）而不會是全面性的做法。目前而言，我偏向贊成維持獨身的傳統，雖然這有利有弊，但畢竟在過去一千年的經驗中，是利多於弊。當然它的壞處是立即可見的，然而，傳統還是有它的分量與驗證。

天主教神父選擇獨身生活，是逐步演化而來的。直到十二世紀，仍然有些人選擇獨身，有些則否。後來，東方禮教會選擇了讓個人自行決定，但西方禮教會則選擇了另一條路。這是一個關於戒律的議題，而不是關於信仰的議題。這是可以改變的。我個人從未想過要結婚，但其他人的情形未必皆同。

思科卡拉比：那你的立場是？

教宗方濟各：如果我的一個神父來告訴我，他讓一個女人懷孕了，我會聆聽他，然後幫助他找到心中的平安，再一點一點地幫助他了解自然法則高過他當神父的權利。因此他必須離開神職工作，去照顧他的孩子，即使他可能決定不跟這名女子結婚。因為，就像孩子有權利擁有他的母親一樣，這孩子也有權利去認識他的父親。我保證會幫他處理所有羅馬方面的公事程序，但他必須離開所有這些職務。但是，如果一位神父告訴我，他被情慾[3]所困，他跌倒了，那我會幫助他改正。有些神父可以改正，有些不能。同時很不幸地，有些神父甚至不向他的主教報告。

思科卡拉比：你說的「改正」是指什麼？

教宗方濟各：他們要做補贖，並且要保持守貞。這種雙重生活對我們毫無益處，我不喜歡這樣；這表示繼續欺騙。有時我告訴他們：「如果你無法面對，就下定決心。」

思科卡拉比：我要區別一下，一個愛上女人然後做了告解的神父，以及一個戀童癖（pedophilia）的神父，是完全不同的兩回事。後者是非常嚴重的問題，需要徹底地拔除。而前者的情況，如果只是兩個成年人有婚外情或是兩人相愛，就是另一個故事了。

教宗方濟各：是的，但是他們必須要改正關於戀童癖的情形。我們可以排除「守貞導致戀童」這種說法，因為超過百分之七十的戀童癖性侵加害人，都是親人或鄰居：祖父、叔叔、繼父、鄰居，可見這問題與守貞無關。如果一位神父有戀童癖，他在當神父之前就有戀童癖了。但是，如果事情發生了，你絕不能視若無睹。你不能坐在一個握有權力的位置上，又去毀壞另一人的生命。

在我的教區內，我沒遭遇過這種事，但是有一次，一個主教打電話問我應該如何處理這種情形。我告訴他，解除那個人所有神父的職權，不許他再做牧民工作，然後按照教區組織，展開教會法庭審理。我認為這是應該有的態度，我反對有些人抱持著一種「企業心態」——盡量維持某部分的精神，以免傷害到企業的形象。我相信，就是因為這種心態，才造成過去美國有些教區的做法是將這個神父調到別的堂區。這是非常愚蠢的做法，因為這樣做，這個神父將會一直背負著這個包袱。這種企業式的回應會造成嚴重的後果，因此我反對這種逃避問題的做法。

最近在愛爾蘭，他們發現有些案例已經持續了二十年。教宗本篤十六世明確地指出：「對於這種犯罪，容忍度是零。」在這一點，我非常敬佩他的勇氣與坦率。

思科卡拉比：猶太教沒有像天主教這種教會組織層級。因此，每個會堂必須自己負責監督它的領導者。《塔木德》文學中有這樣一句警語：「尊重每個人，但也要對

3. 此處指的是關於性方面的情況。

他們保持懷疑。」[4]每個人都要與自己的感覺交戰，也都會犯錯；因此，會堂必須要有一些監督的機制，拉比也要注意監督他的門徒。反過來也一樣，一旦發現拉比行為不端，如果所犯行為嚴重，應立即將他免職。

在羅比尼克修院（Seminario Rabinico）中，我們也碰過像你早先說的那種情形——有些人想要成為拉比，是因為心理問題。因此，在我們的錄取審核程序中，也包括了建立個人的心理檔案。我們必須非常地謹慎，在揀選這些人、賦予他們權利、准許他們成為教會精神領袖的這件事上，不可以出錯。

在一九七〇年代，只有馬歇爾．梅爾（Marshell Meyer）[5]曾被指控過。他是羅比尼克修院及阿根廷猶太保守派的創始人。我認識他時，他仍處在這個事件的煎熬過程中。沒人可以否認他曾領導阿根廷猶太社群及社會大眾的精神革命。在軍政獨裁時期，他奮不顧身地倡導人權。他獻身理想，探訪獄中的政治犯，幫助隱匿人民，協助及安慰許多「失蹤人口」的父母。他盡自己權力所能，為重建民主而奮鬥。我個人認為，勞爾．阿方辛（Raul Alfosin）[6]總統頒授給他的阿根廷最高榮譽「聖馬丁特種大勳環勳章」（Order of the Liberator San Martin），他當之無愧。

這些事情都是在他被控及起訴之後發生的。我不能對這件事的真相發表什麼意見，因為我不知道其中的細節，但是確實有人透過管道對他提起正式指控。司法調查的結果，沒有發現任何梅爾犯罪的實證。我說這些只是要指出，每一個宗教領導人，不只要在神的眼中行事正直，在他的同儕眼中也要如此。他們在做他們的工作時必須格外謹慎，以免瓜田李下所引起的誤會與猜疑。

4. Dereck Eretz Rabba 5.

5. 馬歇爾．梅爾拉比是美國人，住在阿根廷二十五年。他創建了阿根廷的猶太保守派，在軍政府統治時期，他激烈地反抗獨裁者的壓迫。他探訪獄中的政治犯，幫助一些人獲得釋放，並獲國際支持，譴責軍政府的罪行。他被勞爾．阿方辛總統任命為調查失蹤人口的全國委員會委員。他曾獲頒「聖馬丁特種大勳環勳章」，這是阿根廷政府給外國人的最高榮譽。

6. 勞爾．阿方辛是阿根廷在八年軍政府統治後，第一個由人民選舉出來的總統（一九八三至一九八九年）。他是左傾的激進公民聯盟（Radical Civic Union，又稱激進黨）的領袖。

07/祈禱、奉獻金、買賣交易

ON PRAYER

思科卡拉比：祈禱可以幫助人們合而為一，因為祈禱時，我們眾口同聲。尤其，根據我們的法典《塔木德》，當十個以上的猶太人一起祈禱時，祈禱的力量就變得更大。祈禱也可以是一種顯示我們身分的行動。我們用同樣的話語、同樣的方式祈禱，祈求與其他人同樣的結果。除此之外，當我們需要自我省察，想要找到內在的生命，以及開始與神交談時，祈禱就是一種深刻內省的行動。

要這樣做並不容易，因為我們必須分辨哪些是我們自己的聲音，哪些是神的聲音。如果我們對聖經有深刻的領悟，就能在其中找到準則，幫助我們更容易地分辨這兩種聲音。總而言之，更加地接近神，是所有神秘經驗的目標；用某種方法去感受到祂，則是我們在祈禱時至關緊要的內心狀況。「祈禱」這個詞當作動詞使用時，在希伯來文是「l'hitpalel」，意思是審判自己。每當我們要更加接近神的時候，我們要做的第一件事，就是找出我們個人的缺失。

教宗方濟各：祈禱是釋放與自由的行動，但有時人們的祈禱顯現出一種操控的意圖，這就等於想要去操控天主。之所以會這樣，與某種畸形的心態、過多的繁文縟節、太多想要控制的心態有關。祈禱是傾訴與聆聽。許多時候它是深沉的靜默、敬拜，以及等待結果發生。在祈禱中，也同時存在著虔敬的靜默與類似討價還價的舉動，就像亞巴郎（亞伯拉罕）為了索多瑪與哈摩辣（娥摩拉）的懲罰而向天主求情一樣。梅瑟（摩西）為了他的人民也與天主討價還價，希望天主不要懲罰他們。這種勇敢的態度伴隨著謙遜與虔敬，是祈禱的精髓。

思科卡拉比：在我們與神的關係中，最糟的事情不是與祂爭執，而是我們變得冷漠。一個信徒即使在最低潮的時候也要繼續向神傾訴，就像千萬名要走進毒氣室受死的猶太人所做的，高唱著：「聽啊，以色列，上主是我們的天主，上主是唯一的主！」這是對信仰的宣認：無論發生什麼事，他們仍然相信祂。

在我們的贖罪節祈禱禮中，加入了一個在華沙猶太廢墟（Warsaw Ghetto）找到的一份文件上所寫的故事。[1]這個作者敘述他的妻子及兒女都死了，他是全家唯一倖存的人，他在極度痛苦中向神抱怨，但其中有一段他也說到，無論經歷什麼樣的試探，他依然對祂信賴不移。這就是真信仰。

教宗方濟各：冷漠有許多不同的型態。當禮儀的行為變成社交的場合時，它們就失去了力量。一個很好的例子就是結婚典禮，有時會不禁讓人懷疑這個禮儀有什麼信仰的意義，因為當神父或牧師在講述婚姻的價值時，許多人都轉到別的頻道去了！他們結婚，是因為他們想要天主的祝福，但那種想望似乎被掩埋而看不見了。老實說，這樣的情況我也不知道要如何矯正。在有些教堂，婚禮就像是伴娘跟新娘的激烈競賽，比妝扮、比衣著，這些女士不是來進行任何宗教禮儀，她們是來炫耀的。

這種情形實在讓我的良心有愧。因為我身為一個神父，卻允許這樣的情況發生，我也不知道該如何阻止。我之所以用婚禮來做例子，是因為在舉行婚禮時，這種問題最明顯。

1. 這個故事是查維．克里茲（Zvi Kolitz）在二次世界大戰剛結束時寫的。被收錄在一九九八年布宜諾斯艾利斯「文化經濟基金會」（Fondo de Cultura Economica）所出版的《拉科韋爾對神說》（*Iosl Rakover habla a Dios*）一書中。

思科卡拉比：這種情形會發生，是因為我們活在一個非常世俗的社會，只關心此時此地。我發現，要避免這種情形發生的唯一辦法，就是先與準新人及他們的父母討論。我會立下基本要求，並向他們解釋禮儀的重要性。我告訴他們，不要忘了，他們將要踏入的地方是聖堂，那裡沒有服裝規定，但如果需要的話，總會有足夠的時間讓他們戴上頭紗或披上圍巾。

在討論時，我會試著強調婚禮的神聖與莊嚴，並且提醒他們夫妻將會面臨的挑戰與困難，譬如建立家庭以及將孩子帶入這個世界。在我講道時，我也做同樣的事。我知道這是我的機會，確保這個場合不會變成一個時裝秀或成為膚淺議題的焦點。

教宗方濟各：讓我再繼續婚禮的例子。我們也是與準新婚夫婦一起準備他們的婚禮，讓我們看看現實狀況——有些已經同居在一起，有些才剛訂婚不久——但不論如何，神父跟他們強調的是宗教的價值觀。有些教堂的準備工作做得很好，但有些只是像個形式。初領聖體（first communion）的禮儀也是一樣。譬如，現在女孩子已經不穿初領聖體的衣裙了，而是像其他人一樣穿個白袍，於是初領聖體的衣著消失了。

如果一個人想要操控祈禱，對自己與天主的關係漠不關心，結果就是他會為了世俗之物而放棄更重要的東西。你剛才講到這個世俗世界時，提到了文化的問題。我相信，世俗是充滿自我陶醉、消費主義及享樂主義的。禮儀慶典的精神必須有一個不同的格調：它與靈性有關，與跟天主相遇有關。

思科卡拉比：在猶太文化中，沒有劃分出純粹的靈性與完全的物質，就像身體與精神無法分隔一樣。人是一個整體。我們所做的每一件與身體有關的事，也顯示了我們最深的感覺。說到金錢，它本身不是壞東西，它也沒帶著什麼不好——它只是一個工具，就看我們怎樣使用它。當它本身變成一個目標，人們只貪婪地想要更多時，它就變成某種邪惡的東西。

宗教團體也需要金錢來維持及運作。雖然這是必須的，但他們應該要極端謹慎，以企業或非營利機構的認真心態來管理；因為如果他們不這樣做，就會破產。在猶太新年及贖罪節的「聖潔日」（High Holiday）三日慶典時，即使是在最小的會堂，會眾也要付錢來保留他們的座位。那些被叫到講台上宣讀《托拉》或先知書的人也會奉獻金錢——他們可以藉著讀經來榮耀神，所以為了這份榮譽而奉獻。也有些人會奉獻金錢讓其他人享有這個榮幸，讓那些貧苦的人也可以榮耀神。

在古代，如果有人想要榮耀神，他要拿出他所擁有的東西作為奉獻的祭品。在榮耀神的許多方法中，有一個是供給物質所需，以便集中精力在靈性上的事。在贖罪節之前的這段時間，是收到最多奉獻的時候。會堂邀請富裕的人——他們也必須是誠實的人——讓他們擁有手捧《托拉》的榮譽。但是，我們不只邀請富裕的成員，也邀請那些因為品格完善而堪當這份特別榮譽的人。我們必須保持平衡，因為那些奉獻財物來支持團體運作的人也應當受到表揚。

每個人都想要受到肯定——有些人是全年都出席，有些人是幫助社會服務，也有些人是在物質上給予支持。不是所有與金錢有關的都是壞事，要看我們如何使用它而定。

教宗方濟各：這真是有趣，我們從祈禱的問題一路講到冷漠與金錢的問題。在天主教的傳統中，保留座位的做法是行不通的，但是我們有「彌撒獻儀」來支持我們的敬拜場所。這些資源最好是來自信徒，而不是其他地方。有時，有些人會認為奉獻金錢可以換來神奇的效果，有些人會認為只要捐錢就能達成他的心願。但是這並不是買賣，而是像你所說的，是獻上自己擁有的東西作為祭品。

當我看到有些宗教禮儀有「價目表」時，我會非常生氣。兩年前，布宜諾斯艾利斯的一個堂區有付費的領洗，價格則端看那是一週中的哪一天而有所不同。有時我還會看到，一對愛侶想要結婚，堂區的秘書跟他們會面時，會交給他們一張「價目表」，上面標明如果鋪紅地毯要加多少錢、不鋪紅地毯是多少錢……等等。那是用敬拜來做生意。這是我們自己造成的世俗。

在福音書中，耶穌做了一個很有趣的反省。祂與門徒們一起看著聖殿的奉獻箱，觀察信徒們如何投入他們的獻儀。有位富人放進很多錢，後來有位寡婦來到，只放進很小額的錢幣，此時，耶穌卻對門徒們說：「這個女人給的比所有其他人都多。」他這樣說，是因為其他人是將他們剩餘的放進去，而這婦人是將她生活所需的全部金錢投入。這才是真正的施捨與奉獻，它不是來自我們所剩餘的，而是來自會使我們貧窮的。

當有人來辦告解時，我問他，你施捨給窮人了嗎？通常一般人會說，有。然後我會問他們，你有看著那個被你接濟之人的眼睛嗎？最常見的回答是：「我不曉得。」我繼續追問：「你有碰到那個你所施捨的街邊乞丐的手嗎？」這時他們臉紅得不知如何回答。對身邊之人施捨，是非常濃厚的人道愛心。但這不是買賣交易。

思科卡拉比：先知最嚴厲指責的一種行為，就是一個人有祈禱，卻沒有正直的行為。你不能做了這個，卻不做那個——我們必須幫助身邊的人，供飢者食，供寒者衣。手上沾了血的人不能就這樣滿手血腥去與神說話；同樣地，搶奪或偷竊他人的人也不能。我們必須努力達成一個沒有人需要伸手乞求施捨的社會——這是真正的挑戰。任何一個社會，只要有人需要乞討，就證明它是不健全的。確切地說，祈禱也意味著「看著別人的眼、握著他們的手」，這樣我們才能體會這些受苦的人也是我們的兄弟姊妹，我們的任務是要根除貧窮。

教宗方濟各：幫助身邊之人，就是將公義化為具體的行為，這個行為就是一種祈禱。如果缺乏這樣的祈禱，我們就會陷入偽善的罪惡中，有如靈魂得了精神分裂症。如果一個人不了解、也不接受「天主在我的兄弟內，而我的兄弟處在飢寒中」，他的心靈就會受到這種不正常的癥狀所折磨。如果一個人不照顧他的兄弟，他就無法向父親——我們的天父——講述他兄弟的事，也無法和天主對話。我們一般的傳統總是要顧及兄弟的。

另外我要說的是「懺悔」在祈禱中的重要性：我們要祈求天主的仁慈，因為我們是罪人。耶穌講過一個比喻，[2]有個富人在聖殿祈禱，他感謝天主，因為他自認跟別人不一樣——他遵守法律，做了一切該做的事。在他後面的另一個人，是負責向人民收稅交給羅馬人的稅吏。他俯伏在地，沒有勇氣抬起頭來，他祈求天主的憐憫，因為他知道自己是個罪人。第一個人離開時，與他進來時完全一樣；但第二個人離開時，已成為一個正直的人。這就是悔改——將自己放在天主面前，承認自己的愚昧、罪惡，並在祂面前自卑、自謙。就是因為這個緣故，驕傲的人不會祈禱，自滿的人不能祈禱。

思科卡拉比：每一個犯罪的人都可以回到神的身邊，我們應該歡迎所有想要回歸上主的人。此外，如果某些人造成很多人死亡——無論那是因為個人的意識型態，或是更糟的，是以神之名這樣做——只要他們能夠真心懺悔並化為行動，對人性便有所助益。這些可怕的領導者們之所以會這麼做，是出於他們可笑的、神格化的享樂主義，覺得自己比造物主還要偉大。他們把自己所下的命令當作不能稍改的誡命，必須

2. 路加福音18章9-14節。

嚴格遵守。他們的所作所為不是為了光榮上主，而是為了非法的利益。這樣的錯誤不能重蹈覆轍。我們必須明白，信仰是人性最崇高一面的展現，但那只限於信仰是單純的情況下。如果不是那樣，信仰就會扭曲、變形，被利用來製造享樂，把人以及人的自我當成偶像來崇拜。

聖經是個關於簡樸生活與人性的故事，也是關於人類努力去控制自己欲望的故事。在聖經裡，我們看到達味（大衛）犯了錯，也承認自己的罪過。我們看到亞巴郎（亞伯拉罕）的長處與弱點，看到他內在的掙扎，看到他的偉大與軟弱都是出於他的人性。但是後來，人們不斷地為了各自的團體組織而相鬥，為了保護團體組織，以上主之名殺人。他們變成了這些組織、權力、王國的殺手。這就是宗教的影響力之所以衰退的原因。實際上，宗教影響力的衰退是由於宗教組織的衰敗，而宗教組織的衰敗是由於它所犯的各種錯誤，因為它不是為了真誠地尋找上主。

教宗方濟各：在那個時代，達味是個姦夫，也是個智慧型兇手，但是我們仍然尊他為聖人，因為他有勇氣說出「我犯了罪」，他在天主前自謙自卑。

一個人可能做出非常糟的事，但他也可以在意識到自己的錯誤後，改變生活、彌補自己的過失。確實在信徒當中，有些人用智力或親手殺了人，也有些人是用間接的方式殺人——他們付出不公平的工資、濫用人力資源，他們可能公開地成立一些慈善機構，卻不照員工的工作付給他們應得的工資，或是違法雇用員工——這就是偽善，也是我所說的靈魂上的精神分裂。當然，我們知道他們所做的，知道他們假裝是天主教徒，但是他們抱持的是從不悔改的無恥心態。就是因為這樣，在某些場合中我不親自給聖體，我退到後面，讓我的神父給聖體，因為我不要這些人有機會來跟我合照或談話。

如果一個人公開犯了大罪而且沒有悔改，我們可以拒絕讓他領聖體，但是這點很難去檢驗。領受聖體意味著領受主的身體，並且與祂成為一體。但是如果一個人不但沒有幫助人們與天主合一，反而扭曲了許多人的生命，這樣的人是不能領受聖體的，因為他的行為與聖體的意義完全背道而馳。這種靈性偽善的情形發生在許多人身上，他們隱藏在教會內，不按照天主要求的公義生活。他們沒有表現悔意。這就是我們所通稱的「過著雙重生活」的人。

08/罪惡感的存在意義

ON GUILT

教宗方濟各：「罪惡感」（guilt）這個字有兩種意義：可以解釋為犯罪，也可以解釋為一種心理上的感覺。後者與宗教無關，但我敢說它甚至可以代替宗教的感覺——像是內心的聲音指出自己犯了一些過錯，或是做錯了什麼。有些人總是太過自責，因為他們需要生活在罪惡感中，但是那種心理是不健康的。

當我有罪惡感的時候，因為天主的仁慈，情況會簡單許多，因為我可以去辦個告解，那就對了——天主會寬恕我。但是，事情並非那麼簡單，因為你覺得你只是要抹除一個汙點，可是「罪過」比一個汙點嚴重多了。有些人就會玩這種罪惡感的遊戲，把天主的仁慈當作是去乾洗店一樣，只是為了清除他們的汙點；好像這樣他們就可以把罪惡感降等了。

思科卡拉比：我百分之百地同意你。我們從民間傳說聽來的，或是在讓人自覺有罪惡感的典型猶太母親身上看到的，都和真正的猶太與基督信仰所說的罪惡感觀念毫無關係。因為人犯了罪時，不可能救贖自己。人必須改變態度，才不會再犯同樣的錯誤。光說一聲「我錯了」是不夠的，事情不會這樣就結束。當然，祈禱或是做一個真心誠意的慈善捐款，都會有幫助，但這必須出自於真正想要悔改的意願。

如果有人說猶太及基督宗教濫用釋放罪惡感的觀念，那就顯示出他對此完全不了解，因為我們相信，一個人犯了罪，並不表示他就從此無可救藥。所有人都會做錯事，我們相信這種情形必須被矯正、將之導入正軌，最重要的是以後不能再犯。

教宗方濟各：罪惡感本身是屬於崇拜偶像的世界。這只是人的另一種能力。光有罪惡感而沒有悔改，不會使我們成長。

思科卡拉比：我不認為罪惡感只是一種屬於宗教範疇的感覺，它也是文化的要素。任何時候我們說「不可以做這個」或「不可以做那個」時，就是在加強罪惡感。讓孩子懂得是非對錯的差別，就是在幫助他們感受什麼是罪惡感，這種模式會讓懲罰與正義的觀念深入他們心中。我們也深信，公義不只是人所要履行的行為準則，而是終有一天必須向神交帳的事情。畢竟是祂向我們啟示了誡命：「不可以偷竊」、「不可以殺人」……等等。罪惡感的觀念有存在的必要，這是為了讓我們知道如果有人做了壞事，他們必須對自己的行為負責。

教宗方濟各：以前父母常會用鬼來嚇唬孩子，現在，如果你告訴一個孩子「鬼來了」，他會笑你無知。不過在我們童年的時候，父母會對我們說，如果你做錯事，鬼會來抓你。恐嚇只是一種誇張的手法，是不好的教導方式。清教徒（Puritan）的思想體系偏向於使用這種方式，是為了要讓人知道行為過失會使人遠離天主。

拿神學家聖奧古斯丁（Saint Augustine，又譯作奧斯定）來說，當他講述天主的救贖與愛時，他稱亞當與厄娃（夏娃）的罪是「快樂的錯誤」。我可以體會他這句話的意義。這好像是說，天主會說：「我允許一些罪的發生，如此他們的臉上，會充滿羞愧。」因為這樣他們將會找到天主的仁慈，否則，他們會像有些基督徒一樣，行為良好，但心有惡習——驕傲。有時，犯了錯會讓我們在上主的面前更謙卑，而讓我們祈求寬恕。

思科卡拉比：我再度同意你說的。罪的存在，教導了我們「我們不是完美的」。

即使是那些想要成為完美的人，也仍無可避免地會犯錯。他們會犯錯，因此他們會體認到自己不能單獨行走；他們有時仍會感到挫折，無論他們有多麼謹慎並且行為良好。自滿會毀滅生命。

09/ 基本教義派：製造疏離的獨裁者

ON FUNDAMENTALISM

思科卡拉比：拉比及神父都應該是導師——指出道路、帶領，並盡力幫助人接近神。「拉比」這個字與「導師」同義。在天主教裡，神父的任務是什麼？

教宗方濟各：神父有三重任務：導師，天主子民的引導者，以及在祈禱與敬拜之所擔任禮儀的主禮。

思科卡拉比：你們幫助人接近神的方法與我們猶太教一樣嗎？我們說：「我能幫助你、教導你經典裡說了什麼，但你必須自己願意學習。」

教宗方濟各：導師的一個限度是：你不能替他人做決定。如果神父把自己當作一個指導上司，像基本教義派那樣，他就會讓那些尋找天主的人心灰意冷。作為一個導師，神父的任務是教導、宣講天主啟示的真理，以及陪伴。雖然他可能會看到失敗的例子，但他只能陪伴。作為導師，如果他剝奪了門徒自己決定的權利，就不是一個好神父——只是一個好的獨裁者，否定了他人的信仰特質。

思科卡拉比：這是非常重要的一點。因為有些猶太團體會追隨具有魅力及影響力的宗教領袖，不論導師說什麼都要服從，毫無商榷餘地，即使是關係到極端個人隱私的決定也一樣。在今天這個充滿不確定的世界，所有事情瞬息變化，因此很多人渴望抓住一些「真」的事物，即使他們抓住的只是很膚淺的東西也好——他們想要的，只是在這不斷改變的現實中，有些可以抓住的實體。但是，一些關於神的真理，只有自己可以找到。

就像其他宗教一樣，在猶太教內，我們也會發現一些領導者命令別人應該怎樣生活，否定了那些本來應該發自個人內心的宗教情操。天主教的情形如何？

教宗方濟各：導師宣講天主的真理，並指明道路。但是一個真正的導師，會容許他的門徒自己去走那條靈性生命內的道路，他則在一旁陪伴。

思科卡拉比：有多少導師不是真正的導師？近來，這樣的人數是否大幅增加？

教宗方濟各：是的。有些「復還論」（restorationist）神學派仍在繼續增加——我稱他們為「基本教義派」。如你所言，面對這充滿不確定的世界，他們告訴年輕人

「做這、做那」，當十七、八歲的青少年的熱情被激起後，他們就將這些孩子再推向更僵化的方向。老實說，這些孩子等於是將自己的生命抵押出去，到了三十歲他們就會爆發了，因為那時他們會發現，他們沒有適當的準備來面對第一千零一個生命的危機，或是第一千零一個每個人都有的缺點，第一千零一個他們自己必須承認的錯誤。

基本教義派沒有用適當的方式來明瞭天主的仁慈。這種偏執的宗教狂熱，偽裝於自命正義的教義下，但實際上，他們剝奪了人們的自由，不讓他們有個人的成長。有許多這樣的人，最後步上了雙重生活之路。

思科卡拉比：基本教義是一種心態——他們只用某種方式來看待事情，沒有討論餘地、沒有其他方式。當然，我們也不應該走到另外一個極端，認為所有事情我愛怎麼想就怎麼想。我們必須找到一個中庸之道。正如邁蒙尼德在中世紀的教導：我們必須找到「黃金路線」。

這不僅是宗教上的問題，也會出現在生命的每一個面向，包括比宗教複雜許多倍的政治。問題是，當這種問題出現在信仰之內，會造成更大的傷害。當人以神之名去進行殺戮時，傷害就更嚴重了。從某些方面來說，所造成的毀壞也更大。因為這種殘忍的罪行與對人性尊嚴的摧殘，將會破壞人對信仰的開放。換句話說，信仰的可信度被侵蝕了。我這裡所說的信仰，是指非常廣義的信仰——對神的信仰，以及相信人在世上應該和平共處的信仰。

教宗方濟各：一般而言，在宗教界內，基本教義派是令人比較憂心的。因此，一個宗教領導者知道他的社區內有沒有基本教義派的團體存在，是很重要的一件事。有些人很純真，他們沒有察覺就掉入陷阱。但是，會有一種直覺提醒我們：「這不是我想要走的道路。」要記住，上主的命令是：「你當在我面前行走，作個成全的人。」[1] 當一個人在行走時，任何事都可能發生，天主了解這一點。想要成為一個成全、完整的人，其中一點就是要為自己所犯的錯誤悔改，並從天主那裡得到更新。但是，基本教義派無法忍受自己有任何缺失。如果是一個健全而有信仰的社區，這種問題會馬上被察覺。你會聽到：「他是個極端主義者，他偏離得太遠了，他需要更體諒別人一些。」基本教義主義不是天主所要的。

舉個例子，在我小時候，我家裡有某種清教徒的傳統。那不是基本教義派，但有些那種傾向，譬如：離婚或分居的親戚不能進入你的家，而且深信所有基督教的教徒都會下地獄等等。但是我記得，有一次當我跟奶奶在一起時，正好有一位很好的女士及兩位救世軍的女性經過。那時我大概五、六歲吧，我問奶奶那些女性是不是修女，因為她們戴著那個年代修女常戴的小帽子。奶奶回答說：「不，她們是基督教的，但是她們是很好的人。」那就是真正的宗教智慧。他們是好人，因為他們做好事。那個經驗與我另一方面所受的清教主義教導正好相反。

思科卡拉比：法國著名的分析家基爾斯．凱佩爾（Gilles Kepel）寫的《神的復仇》（*God's Revenge*）一書中，分析了伊斯蘭教的基本教義主義，但是在此之前，他也提到了猶太及基督信仰的基本教義派。他分析近代的政治事件，以此證明每當危機發生時（譬如一九七〇年代的石油危機），基本教義派就會崛起。他從社會學的觀點來討論這種現象，也從群體心理學的理論找到對這個現象的邏輯性解釋。

猶太教內也有一些基本教義派的情形，暗殺伊扎克．拉賓（Yitzhak Rabin）[2]的事件就是最壞的象徵。我們必須以自由及敬重他人來榮耀神。神說，我們必須尊重我

1. 創世紀17章1節。
2. 伊扎克．拉賓曾兩次擔任以色列總理。他與巴基斯坦領袖雅瑟爾．阿拉法特（Yasser Arafat）在奧斯陸達成和平協議，因此於一九九四年兩人共同獲頒諾貝爾和平獎。

們的近人，如同我們尊重自己。猶太人每天祈禱時是這樣開始的：「我們的上主及我們父親的上主，亞巴郎的上主，依撒格的上主，以及雅各伯的上主……」為什麼我們要念每個聖祖的名字、重複呼求上主？那是因為他們每個人都與上主有獨特的關係，沒有人可以任意把「真理」強加於他人身上。我們有責任教導及帶領人們，但之後每個人需要以他們自己真實的感受，活出他們所了解的真理。而這一點，正是基本教義派所反對的。

教宗方濟各：基本教義派的「復還論主義」也是一種鴉片，因為它帶著人們離開活生生的天主。鴉片是一種偶像，它使人與天主疏離，如同其他所有偶像一樣。它將天主降格成一個你可以用規條來管理的存在：「如果我這樣做，一切都會很好；如果我那樣做，我就可以一無所缺。」這是一種購買心態，用這些行為來購買舒適、安康、財富，以及快樂。但是這樣做，就是把一路陪伴你的天主拋在後面。

思科卡拉比：甚至，基本教義派會更進一步地估量及審判他人——因為那個人沒有依照我所信的神要他們遵守的方式去生活，我就可以殺死他——就是這種極端的基本教義派導致仇恨。

當然，你說的也很正確，這是一種鴉片，使人與神疏離。不知道有多少有錢人到那些奇蹟製造者、秘教、猶太神秘主義者那裡去，心想，只要他們做某些事，所有事情就會平安順利。我猜想，天主教會也像猶太教一樣，有些人會捐一大筆錢給拉比做善事：幫助學校、孤兒、援救流浪兒……等等，但是他們背後的想法是，捐錢給拉比，他們就與「樓上的那位」有了聯繫，然後他們自己的生意就會更興隆，好像神是可以收買的一樣。我不曉得天主教會的情況是怎樣……

教宗方濟各：有時也會有這種情況。在宗教的範疇內常有一種傾向：付錢以得到天主的護佑，以此來收買天主，或者更貼切地說，是企圖賄賂祂。天主不會與人建立這種關係的。用這種態度來祈禱的人，只是自說自話。

思科卡拉比：問題是，這種賄賂像是跳探戈，需要兩個人搭配——一個人給，另一個人收。這不只是信徒的問題，參與的神父也同樣有問題。

教宗方濟各：在「一比一條款」（one-to-one）[3]的時期，有一次，有兩名政府官

3. 原文為Uno a uno，是阿根廷在一九九一年三月通過的一條法律的民間代號。這條法律規定，阿根廷的貨幣應一直保持與美元等值。

員到弗洛雷斯主教區（Flores Vicariate）來見我，說他們有一筆款項可以用來濟助貧民區。他們表現得像非常優秀的天主教徒。談話不久之後，他們就表示願意提供四十萬披索來改善貧民區。在有些事上我很天真，但在其他一些事上，我有很好的「直覺警報器」，這回發揮了作用。我開始質問他們，心中有什麼計畫來改善貧民區。最後他們說，只要我簽字證明有收到四十萬就好了，但他們真正會給的只有一半的錢。

我用了一個高招脫身：因為地區的主教不能有銀行帳戶，我當然也沒有。我告訴他們，錢必須直接匯給教區，而且教區只接受支票或銀行存款收執。從此這些人就銷聲匿跡了。但是，既然這些人會帶著這樣的計畫不請自來，想必是以前有教會成員或其他宗教的人士這樣協助過他們。

思科卡拉比：說到底，教會還是由人組成的。

10/ 死亡只是一種處境的改變

ON DEATH

教宗方濟各：天主總是賦予生命。祂給我們在世的生命，也賜給我們來世的生命。祂是生命的天主，不是死亡的天主。在我們關於罪惡的神學著作裡，提到了「罪」(sin)。罪惡進入世界，是由於魔鬼的狡猾——我們前面已經說過這個——因為人是天主最完美的創造，招致了魔鬼的嫉妒。在我們的信仰中，死亡是人類自由所招致的必然結果。由於我們的罪，我們選擇了死亡。死亡會進入這個世界，是因為我們沒有完全服從天主的計畫，驕傲的罪在天主的計畫之前就進入我們內心，伴隨而來的便是死亡。

思科卡拉比：在猶太信仰中，對死亡有許多不同層次的解釋。我們沒有原罪的觀念，而是用下列方式來解釋這種情況：在伊甸樂園的中央有兩棵樹，一棵是知善惡樹，另一棵是生命樹。知善惡樹不是人們常說的蘋果樹，而更像是無花果樹，後來亞當及厄娃（夏娃）用它的樹葉為自己做衣服。[1]就是這棵樹，引得他們違背了神的命令；但也是這棵樹，供給了他們遮蔽身體的樹葉。[2]其實，樹只是單純的樹，它只是在提醒人什麼事不應該做，因為人不能掌控所有事，但是人挑戰了神。

關於這個罪，有無數可能的解釋，但這不是教義的問題。人因此失去了一些東西，但失去的是什麼，並不是很明確。人的一部分靈性死亡了，但死亡本就是自然的一部分。我相信當神在造人的時候，就決定了人的生命是有限的。可以確定的是，神所造的每一樣事物，都是為了世界的益處。

死亡不是個簡單的問題，相反地，這是生命中最奧秘的問題。我們會如何走過這塵世的旅途，端看我們如何回答死亡的問題。如果我們相信所有事情都一定會隨著死亡而終結——如經上說的，一切歸於塵土[3]——我們就不會奮力地去追尋超性的事物，反而只會關心眼前的事，過著享樂、自我、本位主義型態的生活。但是實際上，人與樹木很像，他必須完成一個循環——結出果實，然後讓新的循環從他親自孕育而出的種子裡延續下去。

我們從生命中所得到的明證，就是這個世界確實存在著超性的事物。聖經中只有隱約的暗示，沒有很清晰地說明人在死後會發生什麼事。但是聖經很強調超性——我們今日所做的，會影響到我們的子孫。在宗教文學中，處處可見關於詛咒從父母傳到兒女、從一個家族傳到另一個家族的故事。厄里（以利）這位收容並教養撒慕爾（撒母耳）的大司祭，就是一個例子。因為厄里的兩個兒子行為不端，而他沒有教訓他們，所以對他家族的詛咒便傳到了他的後代。耶肋米亞（耶利米）是最後一個仍受到這詛咒影響的子孫。這位先知沒有結婚、沒有子嗣、沒有建立家庭，正如他形容自己的，說他是個與普世對抗相爭的人，[4] 他預言了耶路撒冷城的毀滅。這些都是令人非常痛苦與悲傷的事。

因為聖經對未來世界的描述相當隱晦，因此，我們猶太教有正式的解經經典——《塔木德》。對於死後的世界，這本法典有很確切的說明，其中提到了地獄，

1. 創世紀3章7節。
2. 根據Berajot 40, a.
3. 創世紀3章19節。
4. 耶肋米亞先知書（耶利米書）15章10節。

以及一個像天堂一般、名為伊甸的地方。當初書中為何會提到這些？我相信是因為有些智者這樣問自己：為何義人要受苦？神的公義在哪裡？為何在羅馬帝國哈德良皇帝時期，那些想要把《托拉》教導給以色列人的聖者都被用石頭砸死殉道？為何神讓這樣的事發生？這一切的答案是：在天上我們有另一個生命，在那裡，我們在地上所做的一切，都得到了回報。

這另一個生命，是從非常深刻的宗教經驗中所得來的直覺感知與信德。對於我們這些相信身為人類很值得自豪、也相信生命伴隨著未知的人而言，死亡並不意味著消失無蹤，而是要盡力為我們的子孫、學生以及所有周遭的人留下一筆遺產。但那不是物質的遺產，而是精神與價值觀。

教宗方濟各：容我繼續關於遺產的話題。認為我們必須要留下遺產，是極端嚴肅的人類學與宗教的觀念，說明了人類的尊嚴與高貴。這是告訴我們自己：我不要自私地隱藏，也不要僅限於今生，至少要把我所有的傳給我的兒女、傳給我的繼承人，即使沒有兒女，這遺產也仍然存在。這個觀念在聖經中多次出現，納波特（拿伯）的葡萄園[5]就是一個例子：有個兒子繼承了葡萄園，但他不準備將之出售，因為他想留著它，傳給後代子孫。

只顧今朝的人，不會去想遺產的問題，對他們而言，重要的只是眼前此刻，以及他還活著的時候。從另一方面來看，遺產的觀念是經過了長久的歷史歲月，在人性顛沛的旅途中逐漸發展出來的。人的一生領受了很多，也應該留下更好的。人在年輕時，不怎麼會想到人生旅途終了的事，但我一直記得我從奶奶那裡學到的兩首詩，一首是：「看啊，天主守護著你；看啊，祂正守護著你；但你終將會死亡，只是不知何時。」[6] 她把這幾句話放在她小床頭櫃的玻璃墊下，每晚她要躺下時都會念一遍。七十年了，我仍然印象清晰。另外一首據她說，是在一個義大利的墓園裡看到的：「匆忙行走的人啊，請駐足想想你的步伐，想想你的腳步，想想你的最後一步。」她讓我深刻地感受到，一切都有終了的時刻，但離去時要完好地留下一切。

以基督徒的生命而言，死亡是一直伴隨著我們的。以我自己為例，我每天都認為自己即將死去，但這並沒有讓我憂傷，因為天主與生命的本身已使我準備妥當。我看

5. 列王紀上 21 章。
6. 這首詩的西班牙原文是：Mira que te mira Dios, mira que te esta mirando, mira que te has de morir y no sabes cuando。

過前人的逝去，現在輪到我了。何時？我不知道。在基督徒的傳統中，我們會在復活節的時候，用拉丁文誦讀一段生命與死亡徒手搏鬥的詩文。這是我們每個人身上都會發生的，但這不只是指我們的生理狀態，更是指我們活著與死亡的方式。

福音書中提到的最後審判，與「愛」脫不了關係。耶穌說：「曾經幫助近人的，到我右邊來；沒有這樣做的，到我左邊來，因為凡你們對我這些最小兄弟中的一個所做的，就是對我做的。」[7] 對基督徒而言，在我們身邊的近人，就是基督的化身。

思科卡拉比：我喜歡你說的，生命與死亡在我們的內在交戰。這讓我想起「生存本能」與「死亡本能」這兩個名詞，事實上，這不是弗洛伊德自己發現的，這兩個名詞在〈申命紀〉的幾個章節中[8]就出現過了：梅瑟（摩西）告訴以色列人民，神以天地向他們作證，生命與死亡、祝福與詛咒，都已經擺在他們的面前，他們應該要選擇生命。

內在的交戰是非常真實的事——有些人雖然還活著，內心卻已死亡。我想到知名劇作家弗洛倫西奧．桑切斯（Florencio Sanchez）[9]，他寫的劇本中有個角色說，沒有個性的人，只是行屍走肉。死亡是個很奧秘的概念，有的人是靈性自殺或是像瘾君子那樣的慢性自殺，也有人在馬路上比賽飆車，完全不尊重他人及自己的性命。他們那樣，就是不斷地與死亡調笑。

我們必須自問，要如何面對死亡以及它每天帶給我們的傷痛？我用我的信仰來解決對於死亡的憂慮，我相信即使死亡降臨在我身上，我仍會存在於某種真實的靈性世界。我相信死後有另一個生命，但我只能勉強地描述；如果我們夸夸其談，好像我們完全了解死後世界的情形，那就太自大了。

教宗方濟各：一般來說，當我們使用「相信」這個名詞時，就與「主張」這名詞有相當程度的關聯。但是在這裡，我們所謂的「相信」具有另一種意義，帶有決心或堅持的意味。當我說「我相信有死後的生命存在」，事實上我是說「我對此非常確定」。以神學的語彙來說，相信是一種確定，永生就在那裡形成；在與天主相遇的經驗中，它始於對相遇的驚訝。梅瑟（摩西）八十歲時遇到天主，那時他已齒危髮禿，他在照顧他岳父的羊群時，突然間一叢荊棘燃燒起來，令人驚駭，然後他說：「我看

7. 瑪竇福音（馬太福音）25章31-46節。
8. 申命紀30章19-20節。
9. 在弗洛倫西奧．桑切斯的小說《再見伊甸園》（*Los Muertos*）中，利桑德羅（Lisandro）說了這些話。

見了天主。」

在聖經的其他章節，譬如〈民長紀〉（士師記），描述了人們害怕自己在見到天主之後，就會死亡。[10] 看到天主不能被解釋為一種懲罰，而應該是進入了另一次元的經驗，知道我們是朝向那裡走去。這是我覺得聖經中關於死後生命最深奧的詮釋。我們無法永遠活在敬畏的狀態中，但那一刻的記憶永遠不會消退。我們相信死後的生命，是因為我們在此世就已經開始感受到，那不是一個溫和淡然的感覺，而是天主經由一些事物將祂自己顯示給我們的震撼感受。

思科卡拉比：很多人沒有你剛才提到的敬畏的意識。我稱那些人為「不可知論者」，不過，他們也是用務實的心態面對死亡。當然，他們總是說他們不要受煎熬、不要在極大的痛苦中死去，但是他們並不為此擔心，他們說：「該輪到我，就輪到我。」因此，我不相信死後的未來世界是神學家為了轉移人對死亡的焦慮而製造出來的概念。很多其他的事情也可以引起同樣的焦慮，譬如每個人都會對未知的事物感到恐懼。即使我們確知有個未來世界，我們仍會感到恐懼，因為我們不知道那是什麼樣的世界。生命中的任何變動都是一種壓力。有些生命中的經驗無法簡單地解釋，卻傳達了非常微妙的訊息。

我記得在十多歲時研讀先知書的感受。我覺得自己好像也列身在他們中間，可以了解他們與神的交談。我有一種獨特的敏銳感覺，這是我們家族的傳統，是從那些我不曾認識、死於猶太人大屠殺事件的親人身上傳承下來的。這些人非常有靈性——甚至超過我的父母及祖父母。但為什麼我會有這種感覺呢？這怎會烙印在我的基因上？有某些東西進入了比我的知覺及潛意識更深層的地方。這顯示出有其他次元的世界——一個不同的生命。

教宗方濟各：如果「相信死後的生命」只是一種逃避焦慮的心理防衛機制，那不會對我們有什麼幫助，這種焦慮還是會來。死亡扯著我們離開這個現世，我們因此感到痛苦。我們都有眷戀，不願放手，也因此感到害怕。沒有任何對身後世界的想像可以讓我們免除這些痛苦。即使是最有信德的人，也會感到他們被剝奪了什麼，因此他們必須留下一些他們存在的事實——他們的故事。

這是一種無法傳遞的感覺。也許那些昏迷過的人會有類似的感受。在福音書

10. 民長紀（士師記）13章22節。

中，耶穌在橄欖山祈禱前說，祂的心靈憂悶得要死。[11] 書上描述祂害怕即將到來之事，根據福音記載，祂死前念了一段經文：「我的天主，我的天主，你為什麼捨棄了我？」[12] 由此可見，這些感受沒有人可以例外。我相信天主的寬仁，相信祂會非常地慈悲。讓我們這樣說吧，沒有麻醉藥可以免除我們的憂悶，但我們會有能力來承受這一切。

思科卡拉比：知道我們的歲月有限會令人感到壓力，更糟的是，我們不知道這「有限」的限度是在哪裡。如果我們認為自己的生命只是一個偶發的自然現象，不但毫無意義，而且所有事情都無可避免地會因為死亡而終止，這是多麼可怕的事！如果是這樣，我們的生命就失去了意義，也更別提任何價值觀或公義了。

無論如何，那只是一個極端的看法。有兩種可能性還是存在的：對那些不想理睬關於神的問題的人，人的生命有本質上的意義——傳遞其慷慨與公義的訊息，並且世代相傳。對那些相信神的人而言，顯然我們相信祂點燃了我們的生命，死亡只是我們處境的改變。

教宗方濟各：不久之前，我讀到一個第二世紀的作者，他將耶穌復活的整個過程連接到今生的生命。他說的大意是：「不要忘了你要去的是哪裡，不要在這旅途中過得太舒適，因為這樣會使你著迷，而忘了目標。」我們必須對生命的旅途負起責任，在旅途中用我們所有的創造力，努力地改善這世界。但同時我們也絕不可以忘記，我們是在邁向一個預許的路途中。

走上旅途是我們所背負的責任，為了執行天主的命令：成長、繁衍、管理大地。最早的基督徒是以懷抱希望的死亡為中心，團結圍繞在這個理念的四周，並以船錨作為象徵。因此，「希望」就是那深深鎖在岸上的錨，他們緊抓著繩索前行，不會迷途。救贖在於望德，天主終究會完全地向我們顯示，但在等待的時刻中，我們要抓緊繩索，做我們相信我們該做的事。宗徒聖保祿（保羅）告訴我們：「在希望中，我們獲得救贖。」

思科卡拉比：雖然在拉丁文中，「希望」這個名詞也帶有「等待」的意思，但這並不表示我們只能被動地朝向我們的目標，我們也可以採取主動。猶太民族懷抱著返

11. 瑪竇福音（馬太福音）26章38節。
12. 聖詠（詩篇）22章2節。

回家園的渴望，度過了兩千年。有很長的一段時期，他們只能將這希望寄託在對神的祈禱中，但是當時機到來時，許多猶太人會毅然決然地離開歐洲，返回以色列定居。這就是希望與樂觀的差別，它本身並不是一個目標，而是一種看待生命的方式。

教宗方濟各：樂觀是比較屬於心理層次的問題，是對生命所抱持的態度。同樣的半杯水，有些人總是看到半杯空的，相反地，有些人是看到半杯滿的。「希望」在本質上帶著某種被動的意味，因為這是來自天主的恩賜，我們自己無法獲得望德，只有上主能給予我們。至於我們要如何使用、如何管理、如何呈現這個恩賜，那又是另一回事。

在我們的信仰中，望德是神學中的三個美德之一，與信德及愛德並列。我們常常只強調信德與愛德，而忽略了為我們勾勒出整個信仰旅程架構的望德。這樣的危險是，我們過於滿足於以愛德之名所行之事的過程，而忘卻了著眼於目標。另一種危險是「寂靜主義」（quietism），那是一種守株待兔的心態，只看著目標的信德，而沒有任何朝向目標的行動。在基督信仰的歷史中，寂靜主義曾有過非常興盛的時期，這違背了天主要我們工作並改善世界的命令。

思科卡拉比：信仰深厚的人，會以一種與他人不同的、更平靜沉穩的心態面對死亡。我想到我們會堂一個我認識的朋友，他是個充滿信德的猶太人，有天他的女兒打電話給我，問我可否去探望他，因為他已經非常虛弱，醫生說他的來日不多了。我說我一定會去。在去的路上，我心想我將會看到一個已倒在死亡階梯前面的人，沒想到那個人對周遭的事物仍然非常清楚，沒有人會覺得他已瀕臨死亡。

那時，我覺得自己好像是在與一位完全健康的人說話。但因為他的女兒已經告訴我他病危的事，在他身邊時我仍是小心翼翼，並以特別的方式向他說再見。我用希伯來語對他說：「保持平安。」他伸出手來握著我說：「好的，我親愛的拉比，我們很快會在未來的世界中再見。」這個人有非常深厚的信仰，完全處在平安之中。他以他的生命對此生說再見。兩天後，他過世了。

教宗方濟各：即使如此，還是不免會感到悲痛。這是割捨、分離的時刻。當人接近死亡時，他會感覺到。割捨是很不容易的，但我相信，當你預備好躍進時，天主就在那裡準備要牽你的手。我們必須在天主的手中捨棄自己，我們無法獨自生存。

思科卡拉比：有位年輕人被迫要面對死亡，他想到所有他以後無法去做的事，忍不住失聲痛哭，哭喊道：「我不能做我要做的那些事了！」他的許多夢想都將無法實現：「如果我活著，我會從事什麼職業？」、「我會是怎樣的父親？」當我們走過生命中的各種階段，我們會對死亡有不同的想法，雖然想到死亡總是讓人悲傷，但我們的想法將會有所改變。

猶太神秘主義講到靈魂，說靈魂會在我們死亡的地方停留一陣子，不會直接進入天堂。這說明了為什麼在死亡時我們會感到痛苦，以及我們為什麼難以將自己從生命中分離。有些人似乎在死前找到了一些平安的時刻——他們將自己交託出去，所以他們的焦慮減少了。不是這個故事結束了，而是他們將自己交給了「那一位」。

11/ 安樂死與自殺的底限

ON EUTHANASIA

思科卡拉比：毫無疑問地，我們應該支持醫藥科學，使人生活得更好。但是要謹慎！我們絕不能支持沒有價值的醫療照顧。把人連接到機器上，只為了維持他的心跳與呼吸，用人工方法延長他的性命……這樣的做法沒有任何意義，只是徒然給家屬增加壓力，讓他們日夜照料臨終的親愛家人。是的，我們應該要延長生命，但這是指完全活著的人。

教宗方濟各：我們的道德觀也告訴我們，對於可預見死期的垂危病人，我們應當給予所有必要及正常的照料。我們必須確保病人生命的品質。在臨終病人的照料上，醫藥的強項不是在於使人多活三天或兩個月，而是在於盡量減少病人的痛苦。我們不需要使用過度的治療來保持生命，這會違反病人生命的尊嚴。但是，直接的安樂死是不同的問題——那是謀殺。我認為現代社會有隱性的安樂死：我們的社會安全救濟對醫療給付只到某個限額，然後就說：「願天主保佑你。」我們沒有對老年人善盡照料，而把他們當作廢棄的物資，有時還剝奪了他們的醫療及一般照料，這無異於殺死他們。

思科卡拉比：很顯然地，我們都同意不應允許任何冒犯人性尊嚴的醫療措施。安樂死是一個非常複雜的議題，因為有些人真的是活在很恐怖的狀態下，因此想要尋求任何可以縮短生命的方法。主動安樂死[1]所透露的訊息是：「我們是自己身體及生命的唯一擁有者。」為了這個理由，我們不贊成安樂死。雖然神給了我們自由意志，祂仍然是我們存在的主宰。當一個人自殺時，他等於在宣告他整個生命的存在都屬於他自己，掌握生與死的也是他。這是對神的嚴重抗拒。

教宗方濟各：曾經有段時期人們不為自殺者舉行喪禮，因為自殺者沒有繼續朝向目標，而任意結束了他們的旅程。但是我仍然尊重那些自殺的人，他是一個無法克服他生命困境的人。我不排斥他。我把他放在天主仁慈的手中。

思科卡拉比：關於自殺，猶太教持有兩個觀點：第一個觀點是，教導人們要將自殺者埋葬在不同的地方，我們也會省略某些紀念亡者的常用祈禱文。第二個觀點是，自殺者可能在最後關頭——也許是他們已經「扣下扳機」之後——對他們所做的事感到後悔。因此，應該按他們在最後時刻是做了非自願的行為來審判，那是不會受到懲罰的。

另一個看法是，他們是得了一種傳染病，被這種病症宣判死亡。每當我碰到自殺的情形時，我會對家屬解釋，亡者是生了一種病，讓他們非常迷惑，不知道自己做了什麼事。這是身心兩方面都失衡所造成的最壞結果。他們覺得自己走不下去了，必須脫離這個生命。當有人心碎地問我：「我在他心中就如此沒有價值，讓他決定永遠離我而去嗎？」我會試著恢復他們心愛之人在他們內心的地位及名聲。

教宗方濟各：我喜歡你這個生病的解釋。有時，有些人無法對他們所做的每一個決定負責。我比較喜歡你這樣解釋自殺，而不是把自殺視為一種關於自尊的行為。但是我仍要回到安樂死的問題：我深信，我們現在應該好好正視隱藏性的安樂死。只要還有活著的希望，病人就應該受到所有必要及正常的照料。對於臨終的病人，則不需

1. 編注：主動安樂死（**Active Euthanasia**）是指主動為病人結束生命（例如透過注射方式），被動安樂死（**Passive Euthanasia**）則是指停止療程（例如除去病人的維生系統）使其自然死亡。目前各國對執行主動與被動安樂死的法規各自不同。

要做過度的治療。甚至，即使病人還有存活的希望，過度的治療——譬如為病人插呼吸管，只為了延長幾天的壽命——也是不必要的。

思科卡拉比：從《塔木德》的觀點來說，我會說使用過度的治療是為了不讓病人死亡。如果有任何方法能讓他們的生命延續，就不要停止。但是，如果我們知道一個病人已沒有任何腦波活動，也經過嚴格的檢查程序確定他沒有任何生命跡象，那就應該慢慢地、小心地逐步停止他的維生機器。我完全反對依賴維生機器來延長生命的無意義行為。

以猶太律法來說，如果病人沒有某些東西就無法存活，那麼將維持生命的物件移除，這是被准許的。這意思是說，如果讓病人還沒有死去的唯一物件，是放在他頭下的枕頭，那就拿掉枕頭。如果是他舌下的鹽塊，就把鹽塊拿掉。關於「無效的維生系統」與「主動安樂死」的爭論，是兩個完全不同的問題。如果沒有任何其他方法可行，只是不斷地把藥物灌進病人體內，用人為方法保持他的存活，這樣是不對的。但如果有人告訴我，他真的有方法可以讓病人維持一個完整的生命，我會非常尊重，也應該盡其所能地去做。

然而，如果他們非常確定病人毫無生存機會，就應該讓病人在離世之前平靜安詳地活著。我說的是在重症末期，當所有醫生都認為死期將近的時候。如果一名垂危病人已經沒有任何復原的機會，這時再輸血或裝上人工呼吸器，只為了再延長二十四小時的生命，就沒有任何意義了。如果病人會痛，那就應該給他止痛藥，或任何能讓他更舒適的藥物，但僅此而已。讓病人繼續痛苦地垂死掙扎，便是不尊重生命。

教宗方濟各：天主教的倫理觀認為，沒有人有義務要對他人做過度的治療。當我們知道一個人已經不再是「活著」的狀態時，就與堅守生命無關。如果病有可能治好，就應該盡一切可能去治；但不應使用過度的治療，除非有復原的希望。

12/ 老年，生命中的黃金歲月

ON THE ELDERLY

思科卡拉比：年歲老去，從來不是一件容易的事。讓我從聖經〈創世紀〉的這一幕講起：雅各伯（雅各）對法老王說，他活了又苦又少的一百三十年。老年有很多潛在問題，因為我們不再期盼未來，而是開始回顧從前。雖然如此，只要我們真正充實地去生活，老年也可以成為我們生命中的黃金歲月，因為這時候我們已經領悟了生命的意義。

但是在現代社會，變老是一件令人擔憂的事，因為在當今的文化中，老年人被當成用完即丟的物品。現代生活總是催促人要越跑越快，絕不讓人有多一點休閒的時間。人們不只要追求物質的富有，連上健身房、旅遊以及其他活動，都變成了一種義務。我們根本沒有時間來照顧老年人。

為了更加體會這個問題，我們應該試著想像一下老年人為何選擇獨居的原因，不論是因為他們的朋友都已過世，或是因為代溝造成他們與兒女難以交談。老年人不是物品，而是值得我們關懷的人。無論何時，當我們去探訪布宜諾斯艾利斯無數的老人院時，我們都免不了捫心自問：「這是合宜的居住環境嗎？」在現代社會中，老年人總是被冷落在角落。

聖經中有句話說：「在白髮老人前，應起立；對老年人要尊敬。」[1] 生命是一個奮鬥的過程，那些曾經尊嚴地奮鬥了一生的長者，現在必須萬分孤寂地度過晚年餘生，真是情何以堪。有些養老院在醫療設備上堪稱一流，但是在精神方面卻令人搖頭嘆息……這些老人需要關愛、溫情，以及交談。

教宗方濟各：我想再重複一次你講的棄置問題。以前，我們可以說這個社會有分「壓迫者」與「被壓迫者」。後來慢慢地，我們發現這樣的分類法不夠了，必須增加新的分類：「被接納的」與「被排擠的」。現在，世界變得更殘酷，我們必須再增加一個對比：「適應生存的」與「被廢棄的」。

在這個消費主義、享樂主義、自我崇拜的社會，我們已經習慣於把一些人當作拋棄式物品那樣棄置，這其中就包括了老年人。夫妻都要工作的家庭，必須依賴養老院來照顧年老的父母，但是很多時候，他們並不是因為工作太忙，而只是因為自我主義：老年人在家中太麻煩，他們的體味令人不舒服。最後，他們就被貯藏在養老院，像是一件夏天到來後就被掛在衣櫥裡的大衣。有些家庭是因為沒有其他選擇，但每個週末他們會帶孩子去探望爺爺奶奶，或是帶他們回家，享受一下天倫之樂。這種情況就不是棄置，相反地，這是非常無奈的現實。

然而，時常碰到的情形是，當我去養老院探訪，向這些老人家問起他們的孩子時，他們會說孩子們工作太忙，所以沒來看他們——他們這麼說，只是要替孩子掩飾而已。很多人遺棄了把他們養大、讓他們受教育、幫他們擦屁股的人。這讓我難過得在心中哭泣。我們不會去注意我所說的隱性安樂死，譬如：醫院對老年人的漠視、健康保險不給付他們醫療及照顧所需。

老年人是傳遞故事的人，他們帶給我們記憶，個人的、國家的、家庭的、文化的、宗教的……即使他們當中有些很惹人厭，但他們豐富的生命經歷值得我們費心照顧。每當我想到第四條誡命是唯一對此帶有恩許的，都讓我非常感動：「應孝敬你的

1. 肋未紀（利未記）19 章 32 節。

父母，好使你能享高壽。」這也可以解釋為，如果你孝敬你的父母，你晚年的時候，天主也會祝福你。這告訴了我們天主怎樣看待老年。天主一定很喜愛老年人，因為孝敬父母的人，將會得到許多恩典。

以七十四歲的年紀，我已開始步入老年，但我不會抗拒年老。我已經準備好了，我希望自己能像一瓶老酒，而不是變成酸醋。老年人的怨憤是最糟糕的事，因為我們不能回到過去。老年應該是平和安靜的。我為自己祈求這個恩賜。

思科卡拉比：如你所言，我們必須準備生命中的每一個階段，包括老年在內。從靈性的角度而言，學習如何善度晚年是非常困難的，因為當這時刻來臨時，有些人心理上還沒預備好，他們生命中累積的挫折與偏見就會因而惡化、潰爛。

在我們孩提時，父母是我們仿效的對象，他們盡力教導我們，並成為我們生活的榜樣。但是到了某個時候，我們必須要體認到父母已經改變了。如果父母到他們老年時仍能保持著知識上的優勢，那是非常美好的事，因為這樣就可以與他們繼續對話。我記得我父親年老時，比他以前任何時候更有智慧。他離開人世時的優雅，對我而言是一堂學習尊嚴的課，但不是所有情況都是這樣。

面對這些狀況，有時老年人會選擇退縮。社會的一個艱鉅挑戰，就是要學會如何面對這些問題，所以我們不應逃避，並且要保持關懷。如果孝敬父母是件容易事，就不需要有神聖的誡命了。我們這個盛行拋棄的社會常使老年人屈服投降，因為我們疏忽了他們。我說的屈服投降，是指有人放棄生命，無論是藉著安樂死，還是因為他們自己的退縮。

教宗方濟各：〈申命紀〉第六章總是讓我印象深刻，讓我的心靈受益良多：「幾時領你進入他向你的祖先起誓要賜給你的地方，那裡有高大壯觀的城邑，而不是你所建造的；有葡萄園和橄欖樹林，而不是你栽植的……」這段經文還列了許多人沒有做、卻已經擁有的事物。當我們看著年老的父母時，要想到是那個人將自己的生命道路朝我這裡修建而來。神有完整的計畫與這個人同行，從他的祖先開始，延續到他的子子孫孫。當我們認為歷史是從我們身上開始時，我們就停止了對年長者的尊敬。

當我心情沮喪時，我最常看的經文就是〈申命紀〉的這一段。它讓我體認到，我只是另一個環節，因此我必須尊敬我的前人，我也必須讓自己做個值得被我的後繼者——那些我要傳承下去的人——尊敬的人。這是老年人最強而有力的一個行動。老年人知道（不論是有意識或是無意識地）他必須在身後留下生命的見證；雖然他沒有用話語述說，但他活過的生命就是見證。很幸運地，我對祖父母及外祖父母都很熟悉，他們每個人都留給了我一些東西，我對他們的記憶非常清晰深刻。長者的智慧對我助益良多，也因此，我一再地對他們致上我的崇敬之意。

13／社會的母親：女性的角色與地位

ON WOMEN

教宗方濟各：在天主教，雖然女性擔任很多重要任務，譬如帶領聖道禮儀，但是她們不擔任司祭職，因為在基督信仰內，大司祭是耶穌，一位男性。在基於神學的傳統內，司祭職僅傳給男性。女性在基督信仰內有另一個功能，就是反映聖母的角色。這個角色擁抱了社會、包容了社會，這個角色是社會的母親。

女性擁有母性及溫柔的天賦，如果不是融入了這些豐富的女性特質，一個宗教團體不僅會變成一個大男人主義的社會，也會是一個嚴峻、乾澀、遠離聖潔的團體。女性不能擔任司祭職，並不會使她們的地位低於男性。更何況在我們的信仰中，聖母瑪利亞的地位比宗徒更高。公元第二世紀的一位隱修士認為，在基督信仰內，有三個女性的層面：天主之母聖母瑪利亞、教會以及靈魂。女性在教會的分量沒有被多加強調，是因為大男人主義的心態使然，沒有讓女性在教會內所屬的範圍更加顯眼。

思科卡拉比：基督信仰採用了希伯來聖經的司祭角色，司祭是父系的傳承。但是，猶太人的身分是由母系來決定——如果母親是猶太人，她所生的孩子就是猶太人。根據我們的信仰，司祭的禮儀也是由男人來施行，但是現在我們有拉比（導師）代替了司祭。因此，如果一位女性具備了《托拉》的知識，她就可以教導別人，並且依據猶太律法來回答待人處事的問題。

教宗方濟各：在天主教，當我們說「教會」時，用的是陰性的名詞。基督是與教會——一個女性——訂親。我們受到最多非難和打擊的地方，總是最重要的地方。歷史證明，哪裡的救贖越多，那裡的生命力放射就越多，那裡的女性——生命孕育的地方——也越多，撒殫對那裡的攻擊也就越劇烈。女性常成為被人利用、牟利或奴役的對象，也常被隱沒在幕後；但是聖經中有許多勇敢女性的例子，如盧德（路得）、友弟德（猶滴）……等等，讓我們了解到天主心目中女性的地位。

但在這裡我要說明，「女性主義」這個獨特的思想，不會為它所聲稱代表的女性帶來任何益處，因為這種思想將女性放在一個對立競爭的層次，但是女性所代表與包含的，遠遠超乎於此。在二十世紀，女性主義所要爭取的目標已經達成，這個任務已經結束，再繼續不斷地強調女性主義，也不能帶給她們應得的尊嚴。說得諷刺一點，那會變成穿著裙子的男性沙文主義。

思科卡拉比：在猶太傳統派（Masorti）中，女性的宗教角色也有所改變。世界各地的猶太神學院都授予女性拉比的頭銜。事實上，從歷史的眼光來看，律法並沒有直接限制女性教導《塔木德》，也沒有任何理由阻擋她們成為拉比。聖經及《塔木德》文學中對女性的形象及角色的描述，與你剛才所說的女性特質有很多相同之處。

《塔木德》中有婚姻的契約，其原意是要讓女性持有正式的文件，防止男性隨意休妻（我們講的是兩千多年前的情況）。在這個契約中，男性休妻會給自己帶來極大的經濟困難，這會讓他們仔細考慮離婚是否實際可行。這個法律條文的目的是什麼？就是為了保護女性，使她們可以享有尊嚴的生活。

在整個以色列的歷史過程中，有過非常尊重女性的光輝時刻。聖經給我們一些很好的例證，譬如達味（大衛）的故事：他是塔瑪爾（他瑪）與盧德的後裔，這兩位女性都有著非常堅強的意志與驚人的精神力。然而因為各種原因，在猶太的歷程中，也曾將女性視為次等公民，沒有以恢宏與尊重的態度對待她們。為何會這樣呢？因為我們非常深入地與其他民族混居，而大男人主義是人類歷史中一直存在的現象。在許多文化中，男人比女人握有更多權力，這種現象已經司空見慣，猶太民族當然也不能免於受到影響，甚至他們自己本來就有這種惡行。

我覺得值得一提的是，所有虔誠的猶太社區都遵行一個禮儀的規範：男性不可以與他妻子以外的女性握手或親吻，女性必須戴假髮，衣著必須遮蔽身體大部分的地方……等等，這些規定是為了減少本性的誘惑。在猶太教正統派的會堂，女性的座位在樓上，她們不與男人一起祈禱，而是在特別為她們所設、與男人隔離開來的地方。

關於這一點，各人看法不同。我相信我們每個人都要與自己交戰，來克制我們天生的本性。有些人覺得端莊保守的衣著舉止可以幫助他們的行為端正。這樣的想法沒有什麼不對，但它的危險性是，這種看待事情的方法，可能會被用來掩飾不良的心態。我認為，無論是男性還是女性，當他們正處於一個極度艱難痛苦的情況下，如果他們在此時向另一性別的人要求或接受一個大大的擁抱或親吻，那只是一種在某些特殊情況下，表達自己友情與關愛的行為罷了，別無其他。

14/ 生命的神聖：墮胎可以被允許嗎？

ON ABORTION

教宗方濟各：墮胎的道德問題優先於宗教的性質。人的基因在受孕的那一刻就已呈現，那時就已經是個人的生命了。我要把墮胎的問題與任何宗教的觀念分開。這是個科學的問題。不讓一個已經具有完全基因的人類生命繼續成長，是不合倫理道德的事。生存的權利，是最基本的人權。墮胎是殺害一個無力保護自己的人。

思科卡拉比：這個社會的問題在於，我們已失去太多對生命的神聖不可侵犯性的尊重。第一個問題，就是當我們講到墮胎時，認為那沒什麼大不了，彷彿這是世間最自然不過的事。這絕對不是。即使只是一個細胞，我們仍然是在講一個人。因此，這個議題應該有個非常特別的討論會。我們常常可以看到，每個人對這個問題都有一套自己的看法，但他們可能不知道自己所得到的資訊是錯誤的，或是他們對這個議題根本毫無所知。

一般而言，猶太教譴責墮胎，但在某些情況下，墮胎是被允許的——譬如，當母親的生命有危險時。有趣的是，在分析《塔木德》中〈國家的法律〉（jus gentium）時，我們看到古代的猶太智者規定，在猶太以外的其他社會中，墮胎是絕對禁止的。我的解釋是，因為他們知道當時羅馬帝國的風氣就是對生命毫不尊重，所以他們要避免住在這種社會中的猶太人去討論墮胎的事。

同樣是關於生命這個議題，在《塔木德》中，我們可以找到關於死刑的非常詳盡的分析。雖然在《托拉》中有死刑的規定，但有些智者認為，死刑的使用應該受到嚴格的限制，因此幾乎不可能真正地執行。也有人不同意這樣的觀點，認為應該有較寬鬆的限制來使用死刑。每個時代的智者都依他們當時所面臨的社會狀況，來決定執行死刑的標準。

關於墮胎的歷史也與此類似。當然，猶太教反對並譴責這種行為，除非有明顯的跡象顯示母親因為懷孕而有嚴重的生命危險。這一點在《米示拿》（*Mishna*）的條文中有說明。在這種情形下，以母親的生命為優先。至於其他的情況，譬如：強暴懷孕、胎兒有嚴重缺陷……等等，則是每個世代的拉比都會辯論的問題。有的人主張比較嚴格的規定，有的人則偏向寬鬆的做法。無論如何，生命的神聖——這是最高的準則，並且顧及到所有型態的人類生命——應該是基本原則，也是我們分析、討論這個議題的基礎與起點。

15/ 對離婚問題的堅持與讓步

ON DIVORCE

教宗方濟各：離婚是不同於同性戀結婚的問題。教會向來反對離婚法，但是關於這件事，確實存在著許多人類學的紀錄。在一九八〇年代，這是比較有爭議性的宗教問題，因為婚姻「要到死亡才結束」是天主教非常重視的美德。然而，現在的天主教教義要特別提醒那些離婚後又再婚的教友，雖然就「婚姻不可拆散」與「婚姻聖事的規定」而言，他們的生活是在違反的邊緣，但他們並沒有被開除教籍，他們仍應融入堂區的團體生活中。而東正教對離婚問題就更加開放了。

在這個議題上，有些人採取反對的立場，但大眾對此反應不一；有些人的意見比較極端，也不是每個人都支持；有人說最好不要准許離婚；但也有人從政治的立場來看，願意開放對話。

思科卡拉比：在講述猶太教律法的《猶太宗教法》（*Halacha*）中，有關於離婚機制的規定。毫無疑問地，這是一個嚴重的事情。但是與天主教不同的是，對猶太教而言，這不是信仰的問題。天主教的立場，是基於福音中耶穌對離婚的強烈反對，這點比較類似保守的沙邁學派（House of Shammai）拉比的主張。

在猶太教中，如果婚姻發生問題，只有在認真協助夫妻化解歧見的努力失敗後，才會幫助他們完成離婚的正式行動。我用這些名詞來陳述這個問題，是因為在猶太教中，不是由拉比、也不是拉比法庭來「宣布」或「判決」兩人婚姻狀態的改變，他們只是監督離婚的過程要按照規定進行。能夠宣布並取得新的婚姻狀態身分的，是男女雙方，如同他們結婚時一樣。這是兩個人所做的私人行為，由一個具有法律知識的人監督，以確保進行的方式正確。

這就是為什麼下面這個引發爭論的議題，對我們而言並沒有太多爭議的原因。和離婚問題類似的情形，也發生在關於輔助生育技術的爭議中。猶太教傾向贊成這種技術，因為這是幫助神讓女性成為母親、減輕她痛苦的一種方法。天主教在這些議題上有較堅定與嚴格的立場，我們的立場則較為彈性。

無論如何，在民主社會中，對這些議題的立場，我們必須要努力達成共識。首要的原則是：生命是神聖的，我們不能將細胞當作黏土來玩弄——這是天主教的教導，也是猶太教的教導。

宗教人士以及偏向自由派立場的人必須達成協議，為此，雙方都要有所讓步。但是，我們只能讓步到某個程度，因為生命是神聖的。對此，雙方都各有他們自己的解釋，但是彼此都一定要認知到這點：生命需要受到最高的尊重。如果我們不能同意這點，我們就無法往前邁進。

16／看待同性戀，從尊重開始

ON SAME-SEX MARRIAGE

思科卡拉比：我認為，人們過去在討論同性戀與同性婚姻的議題時，缺乏應有的深度分析。事實上，已經有很多同性戀的伴侶住在一起，所以應該要有適當的法律途徑來解決諸如退休金、遺產繼承等問題，如果在法律上他們的身分可以有個新的定義，對他們來說將是最好的方式。

但是，要將同性戀伴侶視作等同於異性戀，則是完全另一回事。這不只是信仰的問題，我們也要意識到，我們討論的是與社會基礎的形成緊密相關的一個要素。在這個議題上，仍然缺乏足夠的分析與人類學的研究。同時，我們也應該給各個宗教足夠的空間，讓他們也能提供意見，因為他們是傳遞與塑造文化的載具。每個宗教的核心部門應該要有正式規劃的討論，綜合各派別的意見，形成一個能代表這個宗教主張的完整論述。

教宗方濟各：宗教有權利表達他們的意見，只要他們是為了服務人民。如果有人問我的意見，我也有權利告訴他們。有時，宗教的神職人員身為一個教區的領導，會特別注意人們公、私生活的某些部分，但是，他沒有權力將任何意見強加在別人的私生活上。

如果天主在創造人類時，願意冒險讓我們具有自由意志，那我憑什麼去介入？如果一個神父的教導、帶領、要求的方式剝奪了別人的自由，這種精神的騷擾，應當受到譴責。天主把犯罪的自由交在我們手中，我們應當清晰地教導道德、規範與誡命，但是精神上及牧民方式上的騷擾，則是不被容許的。

思科卡拉比：猶太教有許多不同的派別。極端的正統派有過多的規定——他們要求跟隨者要依特定的方式生活，這個團體的領袖說「這事就是要這樣做」，毫無討論的空間，所以到最後他就干涉起個人的生活。另一方面，其他派別的拉比只以導師的姿態，毫無侵入性地執行他們的任務。我可能會說：「律法是這樣說的，那你就試著遵守傳統，做對的事情。」但僅此而已。

我們是應該強迫人們按照正確的方法行事，還是試著說服人們來跟隨？《塔木德》中有關於此事的辯論。[1] 我認為我們應該是要讓人信服，而非強勢逼迫，就像父母以身作則來教導兒女，身教重於言教。這也是信仰要讓人接受的方法，是經由教導而非強制或威逼。

回到我們討論的議題。猶太教禁止兩個男人之間的性關係，聖經上是這樣說的：男人不可與男人同寢，如同與女人同寢一樣。關於這個議題的任何立場都是基於這一點。從創世紀開始，人的理想就是男人與女人結合。猶太律法很清楚地表明，同性戀是不被允許的。但是在另一方面，我尊重每個人，只要他們行為合宜，不渲染自己私生活的事，我尊重他們。

至於制定同性婚姻法律的事，從人類學的觀點而言，我覺得那是沒有道理的。我在重讀弗洛依德與法國人類學家李維史陀（Levi-Strauss）的書時，看到書中提到，性的倫理以及防止亂倫是文明進化過程中的一部分，是超越一切、至關緊要的文化基本要素——我擔心如今的這些改變，會對社會的核心價值造成什麼樣的後果。

1. Shabbat 88, a.

教宗方濟各：我的意見與你完全一致。說得更明確一點，這個情況可以用「人類學的退化」來定義——這是指一個有著數千年歷史、由自然及人類學建立起來的制度的衰退。五十年前，同居遠不及現在如此普遍，「同居」甚至是非常貶抑的名詞。後來，整個事情完全改變了。現在，雖然從宗教的觀點來看，未婚同居仍是不對的行為，但一般社會已不像五十年前一樣，把它當成負面的事。

同居絕對無法像婚姻一樣滿全或美好，這是社會學的事實。因此，有著數千年歷史的婚姻制度的價值，值得我們去保衛。為此，在修改法律前，我們提出警告，提醒人們這樣做可能會對婚姻價值造成損害，我們必須仔細思考所有會被影響到的層面。

對我們而言，你剛才指出的也很重要，聖經所表明的自然法則基礎，就是男人與女人的結合。同性戀會一直存在。希臘的萊斯博斯島（Lesbos）以女同性戀者居住該島而聞名，但是在歷史上，從未出現過她們要求婚姻身分的情形。不管她們是否被社會接納，不管她們是否被人們稱許，但她們從來沒被放在那個位置上。

我們知道隨著時代潮流改變，同性戀現象逐漸增加，但是直到現在這個時期，才第一次出現要將同性戀納入婚姻制度的法律爭議。我認為這是相反價值觀的人類學退化；我會這樣說，是因為這是超越宗教的人類學問題。如果他們的結合屬於私人性質，其他人或社會就不會受到影響；但是，如果這樣的結合被視為婚姻，並給他們領養孩子的權利，就會有兒童受到影響。每個人都需要有男性父親與女性母親，那能夠幫助他們培養對自己的身分認同。

思科卡拉比：在勞爾．阿方辛總統的時代，他們修改法律，將民法與宗教的婚姻分開，我認為這是正確的做法。在此之前，如果我們要為新人主持婚禮，他們必須先取得民法的婚姻證書。我想不通民主社會為何會將民法與宗教的婚姻綁在一起。我贊成不要混淆這兩個世界。無論如何，當法律牽涉到與人有關的敏感議題時，應該要與多元信仰之間有更密切的辯論，我們應該比以前更深入地探討這個問題。

教宗方濟各：我要強調，我們對於同性婚姻的主張不是基於宗教原因，而是基於人類學的理由。當布宜諾斯的市長馬瑞西歐．梅克利（Mauricio Macri）沒有對法官授權同性婚姻這個判決立即提出上訴時，我覺得我必須發聲，我自認有義務清楚地陳述我的意見。這是我當主教十八年來，第一次批評政府官員。

如果你有細讀我發布的兩份聲明，你會看到我並不是在針對同性戀者，我也沒有對他們有任何負面的批評。在第一份聲明中，我說這位法官的意見令人憂心，因為那顯示了對法律的蔑視——法官根本無權更改民法規定，但是他更改了。同時我要提醒大家注意一件事，負責守護法律的政府首長阻擋了對這個判決的上訴。梅克利市長告訴我那是他的信念；我尊重他的信念，但是政府首長沒有權力將個人的信念當成法律。我沒有說任何對同性戀者不敬的話，但是沒錯，我確實介入並指出了一個合法性的問題。

思科卡拉比：在一個民主社會中，所有事情都應該在真誠、尊重、廣闊的辯論後，經由法律途徑來解決。各方的辯論都應該是為了尋找自己與對手的共同點，以求基於互相的讓步而達成一個成功的判決。

有些參與辯論的人認為，在法律之前更應注重的是「自然法」（natural law），這是假設大自然本身就含有管理人類行為的法則；這種想法背後所代表的，是相信神已將「自然法」放進了祂的創造之中。但是同性戀的人也有權利說，是神將他造成這樣，或說他天生就是如此。有的人更會說，同性戀的愛情更深刻，因為他們對陰柔與陽剛的愛都懂得。即使如此，這並不表示家庭就是這樣被創造出來的。每個人都知道在撫養孩子的過程中，陰柔與陽剛所扮演的角色，但是當這種形象被混淆時，問題就產生了。

教宗方濟各：常常可以聽到的一種反駁是，讓小孩被同性伴侶領養，好過讓他們在孤兒院或收容所長大。這兩種都不是理想的選項。問題的癥結在於，政府沒有做到他們該做的事。只要看看孩子在某些管教機構的情形就知道，政府最沒做好的事就是幫助他們恢復，必須要有非營利組織、教會或其他型態的組織來照顧他們。政府應該將沒完沒了的領養手續簡化，讓孩子們有家可歸。

政府的一項措施失敗，並不意味可以用另一項失敗的措施來替代。這個根本的問題必須解決。我們需要的不是一項准許同性伴侶領養孩子的婚姻法律，我們需要的是改進領養的法律。現在這法律太過官僚，現行的制度也容易造成貪腐。

思科卡拉比：我們真的需要改革領養的法律。《塔木德》的智者也說領養孩子這件事極端重要。在分析領養過程的各個階段後，任何立法皆應考慮到速度及效率。

再回頭來說婚姻。在婚姻的方程式中，有一個不可或缺的元素，這個元素眾所周知，就是「愛」。聖經中用兩個愛人的形象來代表我們尋找神的最後階段，這不是沒有原因的。像邁蒙尼德這樣深具理性、被譽為二十世紀亞里斯多德的人，他在定義神人之間的愛時，也是使用我們用來形容男人與女人結合的同樣一個名詞。

同性戀者了解他的愛慕對象，因為他的性別與他一樣。對男人而言，要去了解女人，是一個更加困難的挑戰，因為他必須要懂得如何解讀她。男人可以完全了解另外一個男人，正如女人更容易了解另一個女人的身、心發生了什麼事一樣。相反地，要了解「另一半」則是非常艱鉅的挑戰。

教宗方濟各：這偉大歷程的一部分任務就是如你所說的，去相互解讀我們自己。有位神父說，天主造了男人與女人，所以我們會愛彼此，並需要彼此。在婚禮的講道中，我常會對新郎說，他必須要使新娘更為女人；我也對新娘說，她必須要使新郎更為男人。

17／科學與宗教：並行不悖的兩個領域

ON SCIENCE

思科卡拉比：從廣義來說，直到十八世紀啟蒙時期之前，宗教一直是文化的傳遞媒介。無論是哪個領域的學科，都與宗教有某種關係。也因為如此，我們會發現有許多猶太拉比及天主教修道士都致力於不同科學領域的研究，邁蒙尼德、哥白尼（Copernicus）以及孟德爾（Mendel）都是這種古代傳統的近期例子。除此之外，經師通常也是修道士。《塔木德》也中充滿了關於社會學、人類學及醫藥方面的概念。

宗教是一個管道，經由此管道，文化及語言才得以傳遞。它回答了我之前提過的人生基本問題：「人是什麼？自然是什麼？神是什麼？」即使在現代，每當有重大問題發生，我們仍是轉向宗教尋求答案，而這些問題都是至關緊要的。譬如，為了器官移植，我們必須重新定義死亡。幾個世紀以來，死亡的定義便是心臟停止跳動。有人問拉比，是否可以為了救人而做心臟移植，這牽涉到移除一個仍在跳動的器官。拉比們發現《塔木德》中已有腦死的概念，我們可以說：「看，他們多麼地有遠見！」

今日，我們對於「人類生命應從何時開始算起」有爭議。我們是否應在卵子受孕成長的第一階段就把他視為一個人？依據《塔木德》中一位智者的標準，受精卵已經領受了「靈魂」——神的神聖氣息。科學證明，受精卵已經具備所有必需的基因資訊來長成一個新的人，但這是否足以定論我們應將受精卵視為人一樣地對待？

當科學碰到它的限度時，人轉而尋求靈性——這是許多世紀以來的存在經驗。科學與宗教應是並行的領域，也應該互相交流。科學家以他們的學術來駁斥宗教，或是宗教家以他們的信仰來駁斥科學，兩者都是一樣的愚昧。唯有當雙方各自體認到自己的有限而開始對話，才能在兩者之間發展出有意義的辯論。為了在追尋倫理行為的底線上向前邁進，這是絕對必要的。

教宗方濟各：確實如此。另一方面，如你所說，拉比，你提到的教育，是將歷代累積、經由思考所得來的智慧，藉著《托拉》或福音，提供給全人類。宗教的真理不會改變，但它會發展與成長。就像人一樣，我們從嬰兒到老年都是同一個人，但這期間是整個生命歷程。所以，我們之前解釋過這一點，有些過去我們認為是理所當然的事，現在則不以為然。以死刑為例，以基督為信仰的宗教曾經認可這種刑罰，但是現在的道德良知比以前提升了許多，因此天主教的教理說，最好不要施行。

人類的良知不僅在道德的視野上提升，對信仰的了解也在成長。同樣的情形也發生在奴隸的問題上：現在沒有人可以想像把一群人放在船上，運到海洋的另一邊去當奴隸這種事。但事實上，今天仍舊存在著另一種型態的奴隸，像是之前發生過的案件，把多明尼加的人帶來這裡脅迫為娼，或是玻利維亞的非法移民被迫在不人道的環境下工作。

思科卡拉比：當宗教組織犯了錯誤時，他們通常會自己承認，但有時他們也會選擇默不出聲或不願提起。如今，教會為當初審判哥白尼表示懺悔。一個信徒將他基於聖經的某個觀點視為科學的絕對真理，是犯了愚昧的罪；同樣地，一個科學家認為他的知識是神聖、無可爭議的，也是犯了知識盲目的罪。科學是不斷更新的，它一直面臨的挑戰，就是發現一個比現有更好、更完整的理論。

如你所說，雖然信仰的本質永遠不變，我們所知道的信仰卻會不斷地發展與成長。毫無疑問地，這種發展的過程應該包含宗教與科學的對話。這並不表示一方要向另一方讓步。但是，當科學無法提供答案時，來自直覺的答案就會出現——我個人認為，這個答案後來會成為「靈性」的答案，因為這是來自靈性的過程，與歸納或演繹的推理不同。

另外一點需要強調也必須記住的是，科學有它的限度。科學的目的不是為了尋找事情為何會發生，它只尋找事情是「如何」發生的。萬事萬物的終極意義是我們所不知道的，要找到這個答案，我們所依靠的是靈性的直觀。科學比宗教「有利」的地方是，人可以利用實驗室來證明假說的正確性，雖然也有些科學（例如心理學）就沒有這種方法可以直接證明。

教宗方濟各：科學有它的自主性，我必須尊重並予以鼓勵。我們沒有任何理由去干涉科學的自主性，除非他們越界，跨入超性的範疇內。當天主說「你們要生育繁殖，充滿大地，治理大地」[1]的時候，在實質上，科學是執行天主命令的一個工具。在它自主的界線內，科學將蠻荒變為文明。但是我們要謹慎，如果科學的自主性對它本身未能加以限制，一昧地往前衝，它就會像科學怪人的故事一樣，對它自己所創造的事物失去控制。這讓我想起小時候在《湯尼漫畫月刊》（*El Tony*）[2] 中讀到的「突變人」的故事：因為一個瘋狂的科學試驗，人類開始將他們自己轉變成物體。

濫用科學的一個明顯例子，就是擁有可以毀滅人類的核子武器。當人類變得狂妄自大時，他創造了一個會失去控制的怪物。非常重要的是，科學必須自我限制，也要自我提醒說：「越過此限，我不是在創造文明，而是在創造另一種型態的非文明，那就是毀滅。」

思科卡拉比：這也是《泥巨人》（*Golem*）這個故事的教訓。故事中敘述，在布拉格，有位拉比做了一個自己會動的泥巨人，可以幫助猶太人抵禦反閃族的攻擊。他在泥人的前額上刻了希伯來文的「真理」（emet）字樣，在它嘴裡放了一張寫著「雅威」（耶和華）的小紙條，並命它為他工作。

這個故事的其中一種版本是，在一個星期五，安息日即將來臨的時候，[3] 這個假

1. 創世紀 1 章 28 節。
2. 這是阿根廷最暢銷的漫畫月刊。
3. 猶太人的安息日是從星期五晚上日落時開始。

人將它自己解放，不再受拉比的控制，並且開始破壞所有東西。最後，拉比將他額上「真理」字樣的第一個字母抹去，就變成了「死亡」（met）的意思，然後把他口中的小字條取出，在那一刻，泥人又變回了拉比做它時所用的黏土。

這個故事的原型所代表的就是，當人類無法控制他用智力所創造出來的東西時，就會有無法收拾的下場。

18/ 教育與孩子的世界觀

ON EDUCATION

思科卡拉比：宗教定義了我們如何看待這個世界，教育則是傳承了我們的世界觀，這就是為何兩者之間有如此緊密關係的原因。如果我們研究文化是如何發展的，我們會發現有兩個因素：第一個是社會工藝的進步，另一個是由人民生活的價值觀所反映出來的文化的發展。

文化的本質，就是這三個問題——人是什麼？自然是什麼？神是什麼？——的答案。因此，在兒童的教育課程中，他們一定要學習這些問題，同時也要學習宗教為他們提出來的答案。有些人可能會指出，在一個民主社會，應該讓孩子接觸到各種不同的觀念，而不是只給他們一種觀點。當然，我同意這種想法，也是因為如此，我反對公立學校用以前那種方式教導宗教課程。

教宗方濟各：我也不同意一個會對非天主教徒造成歧視的宗教課程，但是，我確信宗教必須是學校教育的一部分，就像是課堂內廣泛課題中的一個元素。如果宗教課不能像其他科目一樣在課堂內討論，我認為這是一種歧視，因為你不能教導宗教對於生命與歷史事件的觀點，卻可以教導其他角度的觀點。

思科卡拉比：我同意你說的。如果我們沒有機會教導學生關於宗教的事物，等於是從孩子身上剝奪了許多權利。這些姑且不論，更嚴謹的宗教教育仍應由他們所屬的教區或宗教團體來提供。猶太教的基本信念是，人可以被提升，因為他有能力去克服天生的本性、改善行為舉止。這種信念後來也成為基督信仰與伊斯蘭教的一部分。

宗教對教育的重要貢獻，是再度肯定人的高貴處境，以及每個人應該如何待人處世。國家的公立學校應該提供一些宗教教育，因為學校的主要功用是傳遞價值觀。一旦有了神的觀念，人類本位主義就會比較減弱。如果兒童沒有聽過神，他們就會養成所有事情都以人、以他們自己為中心的想法。一旦有了宗教價值觀，他們對其他科目都會從不同的角度來思考。

那麼，什麼是性教育？它是單純為了解答解剖學與生理學上的問題，還是關於基本價值觀的教育？孩子固然需要從人體構造與生理機能方面學習他們身體如何成長變化，但還是應該配合適當的價值觀，才能讓他們懂得如何更正確地處理與性有關的事情。性應該是人類在愛情中展現其強烈情緒的方法，當孩子被教導這些資訊時，我希望學校會說：「猶太教相信……」接著也同樣提及世界性的基督信仰或伊斯蘭教，強調它們之間的共同點。

如果我們放棄教育他們的責任，就等於失去了我們的宗旨，而只注重眼前此時此地的生活。在我們的宗教中，超性的思想是不可或缺的本質——超性是指我們現在的所作所為，並不是在行為本身停止後就結束，它們會影響未來。在今天這個物欲橫流的世界，將這些觀念傳遞給學生，是極為重要的。

教宗方濟各：在聖經中，天主以一個教育者的形象顯示自己，祂說：「我將你背在肩上，我教你如何走路。」信徒的義務就是撫養他們的孩子。每個男人及每個女人都有權利以宗教的價值觀來教育他們的孩子。政府剝奪了這個權利的後果，就是可能會導致像納粹主義那樣的情況，孩子被灌輸了與他們父母不同的價值觀，因為獨裁者喜歡把自己的理念強加於人。

思科卡拉比：我們一直在傳達某些訊息給我們的孩子，不管是經由我們的所言所行，或是經由我們沒有說、沒有做的，總是有某種訊息。我們為什麼要將這任務交給別人呢？宗教是為了給那些尋求生命意義的人導引，就像一個哲學家發現了真理，他就想要教導別人或與人分享一樣。他必須要與其他人分享這個訊息——想聽的人就聽，不想聽的人可以不要聽——但前提是這個訊息要先向每一個人傳達。這對每一個宗教而言都是非常重要的，若不如此，就沒有宗教制度的存在了。

我要以猶太教的立場（我相信基督信仰的立場也一樣）再說明一下，宗教不是只在聖堂裡敬拜與祈禱而已，並不是只有這樣。要走近神，只能經由我們周遭的人去走近祂。一個信仰虔誠的人，應該在反映信仰的超性生活裡堅守他的核心價值，以表達他自己的看法。我認為這樣的訊息應該教給學生，使之成為他們教育的基礎部分，一直延伸到他們將來學習的道路。

順帶一提，在猶太教的律法中，我們應該尊敬祖先的條文，與反省我們應該如何尊敬老師的條文是並列的，兩者互為一體。猶太教基本上是一種教育——它不斷地在教導我們一些事物。要知道，「拉比」這個名詞就是老師的意思。

教宗方濟各：學校教導學生朝向超越，正如同宗教一樣。在一個學術環境中，不把通往宗教世界觀的大門打開，會使孩子們的和諧平衡發展受到阻礙，因為這關係到他們的身分認同，那是由父母傳遞、投射在孩子身上的相同價值觀。否則，他們等於被剝奪了承繼文化與宗教遺產的權利。

如果教育缺少了父母的傳統，那就只剩下意識型態了。生命總是透過偏見的眼光來看，即使在教育中，也不存在沒有偏好的解釋。語言是充滿歷史與生命經驗的。當一個人留下了空缺，就會由與家庭傳統不一樣的觀念來填補；意識型態就是這樣形成的。我記得高中時，有位共產主義的教授，我們和他的關係非常好。他質問我們每一件事，那對我們很有益處，但是他從沒欺騙過我們。他總是告訴我們，他從哪裡來，還有他的解釋與他的世界觀是什麼。

思科卡拉比：我們高中時有許多老師及教授，但我們幾乎沒有機會與他們討論生命，他們有些表現得好像從來沒有任何空檔可以讓我們來討論。但是孩子們會問他們自己：「這個教我物理或化學的人，他認為要如何改善生命呢？」教育不能毫無人情味，它必須要有對話，但是課堂卻變得有些機械化：他們教阿基米德幾何，卻沒有教導我們任何關於世界的不同觀點。因為沒有人性的接觸，講課變得枯燥乏味，也沒有任何資訊。

我們應該要有尊敬不同觀點的共識，但是要基於人的超性，做最廣義的了解。教授們很少離開他們的課本，那是因為他們沒有打開他們的心。我們不要讓宗教限制他們，但我們也不要讓他們被限制而不能去講。

教宗方濟各：講課的教授與教誨的老師有所不同。教授以疏離的態度介紹他的講材，老師則讓其他人參與，這是很深刻的證道。真正的老師，他的行為與生活表裡一致；他不像教授一樣，只是傳授科學。我們需要幫助眾人成為老師，使他們能成為見證人——這便是教育的根本。

19 國家、政治與權力

ON POLITICS AND POWER

教宗方濟各：天主教會與阿根廷在一八一〇年至一八一六年的獨立建國過程有密切的關係，甚至有神父在第一軍政府（First Junta）時期，參加了圖庫曼大會（Tucman Congress）的十三年憲法會議（Assembly of the Year XIII, 1812）。

在這國家剛建立的時候，教會就與大部分是天主教徒的人民一起向人們傳揚福音、教導教理。祖國開放移民後，其他不同的信仰團體，譬如猶太教及伊斯蘭教，也紛紛來到。經過了這個文化與信仰的「多元融合」[1]，產生了阿根廷的一個優美特質：我們像兄弟般共同住在這塊土地上，儘管投擲炸彈的瘋狂極端分子也仍然存在。

1.「多元融合」的西班牙原文「mestizaje」意為融合種族與文化所形成的特有、豐富的多元文化。

這種兄弟情誼的標誌之一，就是「多元融合」之都——歐貝拉市（Obera）。這裡有七十個敬拜之所，其中只有少數是天主教堂，其他則分屬於不同的信仰：福音派、東正教、猶太教，全都和諧相處，平安無事。另一個多元融合的例子是威廉・莫里斯（William Morris），一位福音派基督徒，他對阿根廷的教育留下了深刻的影響。這個國家不是在宗教的陰影下興起，而是在它的光照中盛大。

思科卡拉比：毫無疑問地，從天主教開始，宗教一直在這個國家的誕生中扮演著關鍵的角色。各宗教都在阿根廷擁有立足之地，並對這國家的文化做出重大的貢獻。在獨立建國時期，宗教界與「啟蒙運動」（Enlightenmen）支持者在一系列的討論會中，對宗教在國事中應扮演的角色有熱烈的辯論。「啟蒙運動」是另一個獨立建國運動，這組織的名稱是來自他們所學習的法國革命。

現在，我不能說那些對教會說「不」的人，就一定不是虔誠的教徒，因為我們很容易將領導宗教的組織與宗教的本質混淆。宗教界與「啟蒙運動」對自由、平等、合作的辯論，結出非常好的果實，因為這迫使雙方都對他們的立場做出分析與修正。只要這辯論是純理念性的，就會有正向的結果。看看現在阿根廷的情況：當有重大危機發生時，社會仰望宗教作為他們最後的避難所。二〇〇一年整個國家政經崩潰、社會紊亂，那時「圓桌對話」（Mesa de Dialogo）的機制就產生了。因為政治崩潰，人民求助於宗教，以此來幫忙自己在這艱難的局勢中找到出路。

從語源學的角度來說，希臘文的「開會」（iglesia）與希伯來文的「猶太會堂」（betha'knesset）都帶有「會議室」的意義。這表示教堂不只是一個人們尋求神的地方，也是讓每個與民生有關的議題得以辯論的地方。就像在古先知的時代，所有宗教都必須明確地表明他們對社會議題的立場，但這並不表示宗教領袖一定要涉入政黨政治。我想知道，對於喬昆．匹法雅神父（Joaquin Piña）[2]的事情，你有什麼看法？

教宗方濟各：匹法雅神父解釋過，這不是政治事件，而是關於公民投票的事，與競選公職無關。他組織了一個投票委員會來檢視是否應該有憲法修正，一旦他相信自己已完成了使命，就立即辭職離開。

思科卡拉比：我個人認為宗教不應該介入政治，除非是非常特殊的情況，譬如像

2. 喬昆．匹法雅是耶穌會會士，阿根廷伊瓜蘇港市（Puerto Iguazu）的榮休主教。二〇〇六年，他領導的公民投票委員會成功阻止了米西奧內斯省（Misiones）的州長批准一個無限次連選連任的計畫。

馬歇爾．梅爾為保護阿根廷人權而介入。梅爾總是有非常清楚明確的目標——他不謀求國會議員、參議員或任何類似的職位，他與勞爾．阿方辛總統及其他政治人物在重建民主的道路上前行，但他從來不是為了想要獲得任何政府的職位而做。我們必須極端謹慎，絕不能利用祭台來追求政治目的。

教宗方濟各：我們都是「政治」動物——大寫P的「政治」（Politics）。我們都被召叫，在人群中做建設性的政治行為。宣講人性與宗教價值觀也有政治的效應，無論我們喜歡或不喜歡，這效應還是存在。講道的困難在於，要如何提出我們的價值觀，而不介入所謂的政黨政治。

在柯馬農事件（Cromanon）[3]週年時，我說布宜諾斯艾利斯是個虛榮、輕佻、腐敗的都市，有些人要求我點名指出是哪些人，但我在講的是這整個城市。我們都有敗壞的傾向。當警察將一位超速的駕駛攔下時，他常聽到的第一句話是：「打個商量，我們怎樣解決這事？」我們內在都懷著一些我們必須去抗拒的東西，譬如：想要運用關係、想要用暗盤解決問題、想要設法讓自己排到名單最前面……等等。我們每個人都有賄賂、收買的特性。

那次講道時，我講的是這個都市的缺點，不是在做政黨攻擊。老實說，媒體的問題就是喜歡擷取你話中的一小部分，作為他想要聽的。今天，媒體可以從兩三件事實中炒作出不同的事——他們刻意在誤導。我在講道時說的是大寫P的政治，指的是價值觀的政治；但是媒體卻為了小寫p的政治（politics）利益，將事情斷章取義，並且從中獲利。

我記得在那次彌撒講道後，你對我說：「你真勇敢！」但其實我這樣說話是很常見的事，原來你已經預先知道媒體會怎樣扭曲我的意思了。第二天，報紙將我的話做了各種解釋，拿去針對、攻擊某些政界人士。但是當我說「我們的領導者」時，我用的是「我們」這個集合詞。

思科卡拉比：我記得你那次講道是在五月二十五日，一個假日。就是那次講道導致了大都會主教座堂被禁止舉行彌撒。不幸的是，媒體沒有把宗教領袖所說的真正意思告訴人民：那次講道只是在呼籲我們要保持某些價值觀。宗教領袖不是只告訴我們

3. 「柯馬農共和國」（Republic of Cromanon）是布宜諾斯艾利斯的一間夜總會。二〇〇四年十二月三十日，當「流落街頭者」（Callejeros）搖滾樂團演唱時，失火造成一百九十三人死亡。當時，室內人數超過限量，緊急逃生門被鎖住，建築也不符合保險標準。

要如何看待時事的個別事件，而是要我們著眼未來，朝向超性，喚醒我們內心深處的價值觀。

從古代先知的嚴格觀點來看，即使只是一個人挨餓，也表示這個社會已經失衡。換句話說，當我們聆聽講道時，應該用放大鏡仔細注意每一個字，從先知的眼光來研讀。話雖如此，以天主教在阿根廷的地位，我們無法避免必須與當權者對話，也不能忽略一個事實，就是：有權的人會將你說的話作政治解讀。

教宗方濟各：我們必須要避免的是神父及主教落於教權主義，那是對宗教的扭曲。天主教會是全體的天主子民，包括神父在內。當一位神父在宣講天主聖言或在省思全體天主子民的感覺時，他就是在講台上說先知話、勸導以及教化。一位領導教區或堂區的神父，他必須聆聽他的團體，做出成熟的決策並帶領團體遵守。相反地，當神父誇耀自己，透露出「這裡我最大」的意味時，他就陷入了教權主義。

很不幸地，我們看到有些神父的領導方式並不符合以天主之名追求和諧的原則，有些神父喜歡藉著公開發言來加強教權。教會維護人的自主權，有健康的自主權才是健康的平信徒，各種不同的專長都要被尊重，就像教會不會告訴醫生要如何動手術。

不好的是激進的反教權主義，這種主張採取反對宗教的立場，要求宗教不可走出祭衣間。教會教導價值觀，其他的是人民的事情。

思科卡拉比：至於我，我對阿根廷的各個政黨非常反感，甚至對他們感到懷疑。不幸的是，就我記憶所及，阿根廷的近代歷史在在證實了我的感覺。我不偏向任何政黨，但是我一直相信最好的社會制度就是民主制度。當我在講台上說到阿根廷時，我說的是普遍性的情況；對於這現況，我們全體人民都有過失。一個能生產三億人食糧的國家，竟然不能餵飽三千八百萬人。這顯示出我們如何遠離了我們的價值體系。

我常看到人們為了特殊利益，而不是為了同胞的福利而爭鬥。我也沒有看到任何政治團體真正有決心要改變現況。我警告群眾，政客只為爭取權力而戰，然後利用權力把自己的利益放在眾人的利益之前。只要非常少的錢，我們就不會再有「悲慘別墅」[4]了。每當我看到路邊的乞丐，我總是感到心碎，這個問題似乎在大幅惡化。阿根廷病了。這讓我的靈魂苦痛——我們的情況應該不是這個樣子的。我說這些話沒有支持任何特定政黨的意思，但是我深信，在某個時候，會有一位有能力的領導者出

4. 阿根廷俗語「悲慘別墅」（villa miseria）是「貧民窟」的意思。

現，扭轉現在的局勢，回到以前的狀況。

教宗方濟各：幾年前，法國的主教團以「政治的復健」為題，寫了一封牧函。他們體認到，他們必須重振已失去所有信用的政治。我相信我們也處於同樣的情況。在政治範疇所失去的信用必須要恢復，因為政治是非常高階層的社會救濟機構型態。政治活動中表現的社會慈愛，便是為了大眾的利益。

我出生於一九三六年，當阿根廷的政治強人裴隆（Peron）崛起時，我那時十歲。我母親的娘家與激進派淵源很深，我外公是個木匠，每星期都會有一名留著鬍子的人來賣給他苯胺染劑。他會在院子裡聊一下天，外婆會為他們準備攙了酒的茶。有天外婆問我，知不知道賣苯胺染劑的埃爾皮迪奧先生（Don Elpidio）是何等人物？沒想到，他竟然是曾當過阿根廷副總統的埃爾皮迪奧・岡薩雷斯（Elpidio González）！前副總統要當售貨員來謀生，那個形象讓我甚為震驚，而那個形象就是「誠實」。

我們的政壇現在不知是怎麼了，沒有理念、沒有政見；他們不去想政綱，只去想美觀，把形象看得比政見更重要。柏拉圖的《理想國》（*The Republic*）中提到，華麗的言辭之於政治，就如化妝品之於健康。華麗的言辭相當於美貌，而我們用美貌取代了本質。我們把民調和市場當作神明。也許就是因為這樣，我犯了「沒做個好公民」的罪：我上次投票是在弗隆迪西政府[5]期中選舉時。我仍然有聖菲省（Santa Fe）的戶籍，因為我曾在那裡教書，我來到布宜諾斯艾利斯後也沒有更改戶籍，因為聖菲省距這有三百多英哩，所以我不會去投票。當我終於遷好戶籍，我的名字卻仍在聖菲省的投票人名冊內。不管怎麼說，我已經超過七十歲，沒有投票義務了。[6]

我沒有去投票，這樣做對不對，這是有討論空間的，但畢竟我是眾人的神父，我不能披上政治的色彩。我知道，當選期接近時，很難將我自己抽離選舉的氛圍，尤其是當有人來敲總教區的大門，聲稱他們自己是最好的候選人時。作為一名神父，在選舉前，我會敦促信友去讀政見，這樣他們才知道如何選擇。在祭台上，我把自己照管得相當好，我只告訴大家要選賢舉能，其他的就不說了。

思科卡拉比：我也是建議大家去讀政見，然後用自己的分析能力去分辨候選人。我沒有像你有這麼顯著的地位，但當有人邀請我去參加政治人物的活動時，只要與選

5. 弗隆迪西（Astruro Frondizi）於一九五八年一月當選阿根廷總統，一九六二年三月二十九日被軍人推翻。
6. 在阿根廷，投票是公民必須盡的義務，沒有投票可能會被懲處罰款。但是年滿七十歲後，可以不投票。

舉活動沒有關聯，我會去。我相信這是個好方法，可以表達對政治及國家的尊重。

教宗方濟各：確實。參與政治生活是尊敬民主的方法。

思科卡拉比：當一些政治性很高的事件在本地發生時，有時我們會發表一些意見，這些意見可能是批判性的。當政治的立場與我們的價值觀相抵觸時，我們應該要批判它——但是，是用宗教的論點，不是政治的論點。

不過，既然我們講的是社會價值，就很難將兩者分開，這點也沒有其他辦法。在一個名為「神是我的安息處」（Dios es mi descanso）的電視節目中，我堅持宣揚在軍事統治時期，民主的重要性。政客是不會做這種批判的，但是，這是拉比應該從他的宗教平台所發出的。

教宗方濟各：我們應當分辨大寫P的政治與小寫p的政治。神職人員的所有行為都應該是大寫P的政治行為，但是有些人會混雜了小寫p的政治。宗教有義務去宣講有關品行與教育的價值，或是在有人要求時談論特別的社會狀況，譬如二〇〇九年十二月三十日，我為柯馬農事件五週年舉行彌撒，在那種社會情況下，我會說幾句話。

如果社會情況產生嚴重的偏離，某些狀況必須要說。我不是指那些由於政治原因而使世人皆知的事件，而是那些因為社會價值受到威脅、因為悲劇發生而顯露的情況。宗教領袖必須要維護社會價值，但是在政治圈內要特別謹慎，他們可能聽了神父說的話，然後說：「神父是在譴責某人。」我們不譴責任何人，我們只是指出哪些社會價值受到威脅，必須加以保護。至於媒體（有時我會覺得他們得了B型肝炎，因為他們是黃色[7]的），他們會跳出來說：「神父嚴厲譴責某人！」

思科卡拉比：有些政客一口兩舌——一方面要求宗教領袖不要發表意見，但在選舉期間，他們又要求宗教領袖祝福他們。

教宗方濟各：當我與政治人物會面時，有些是懷著誠意而來，他們也贊同教會的社會教條，但是其他的人只是來尋求建立政治關係。我的回應都是一樣的：他們的次要責任，是在他們彼此之間建立內部的對話；而他們的首要義務，則是作為這個國家、這個祖國的守護者。

國家界定了國土的疆界，國家也從憲法或法律的觀點而定義了具體的社會關係。國土或國家可能會發生戰爭或分裂，然後重新建立。在另一方面，祖國是建國先祖留

7. 編注：在西方，黃色常被用來暗指敗壞之意，美國俚語稱煽情的傳媒為yellow journalism。

下的遺產，是我們從創建者身上所繼承的。這是他們交給我們去看護的價值體系，但不是要我們放在罐頭裡保存著，而是要我們使之朝著完美理想的方向成長茁壯，以面對今日的挑戰。

祖國是我們繼承的產業，一旦祖國喪失了，就無法再復原。有兩個形象告訴了我很多關於祖國的意義。一個是聖經的故事：當亞巴郎（亞伯拉罕）離開他的故鄉、跟隨天主的道路時，他的體內帶著他父親的血液。他的父親是個敬拜偶像的人，即使如此，他沒有切斷他的傳承，而是用天主的啟示淨化了它。另一個形象是比較西方式的：特洛伊城被焚毀後，愛尼亞士（Aeneas）出發去創建了羅馬。祖國的意義，是將我們的祖先背負在我們的肩上，帶著他們遺留下來的資產，我們必須與現代調適、整合，使它成長，邁向未來。

當代的政治人物有責任保守祖國，神權政治無法做好這件事。天主賦予人責任，要去管理他的國家、他的祖國、他的人民的進步發展。宗教標示了倫理道德的原則，並打開了通往卓絕超性的途徑。

思科卡拉比：你用到了一個關鍵字——誠懇及有意義的對話。阿根廷人民的處境不是很好，一個跡象就是我們缺乏對話。如你所說，國家界定了疆界，國家是提供秩序的憲法與法律的架構，祖國是過去的傳承。所有這些都必須以價值觀為動力。阿根廷有它的美好與缺失，是基於一個架構體系建立起來的，宗教是其中一個重要的元素。雖然各個宗教傳統有不同的世界觀，但我們必須讓它們聚集一室，不抱著先入為主的成見對話，如此我們才能專注在好的理念上，達成如何重整我們祖國的共識。

我了解你所說的「我們必須帶著我們的祖先們」，但是，如同科茨克（Kotzk）一位著名的拉比所說，當一個真理企圖去模仿另一個真理時，它就不再是真理了。經由對話，我們必須去創造我們自己的真理，它植根於過去，也應當包含宗教。這個應該是我們與政治世界的接觸點。

我也應該提到一點，我們很幸運，現在世界上很少神權政體，因為那會導向基本教義派。每個國家都應有民主制度的政府，我把以色列也包括在內，在他們所做的一切事上，都可以明顯地看到傳統猶太價值觀，但那是經過一個完全民主的政治體系所做的。這並不容易，因為政治與宗教的權威之間總是不斷地會有衝突。當猶太法學博士有一種意見，但最高法院有另一種意見時，國家必須試著說服宗教領袖，民主是正確的方式。猶太法學博士的意見有時非常嚴格、不能妥協，但經由對話，民主能使他們的立場軟化。

教宗方濟各：權力是天主賦予人的。祂告訴我們：「要生育繁殖，充滿大地，治理大地。」[8]這是天主賞賜的禮物，讓人可以參與創造。然而，我要質疑「權力」——它有時被用來定義宗教。如果說權力就是照我的方法做事、強迫每個人都與我同一陣線、走我指定的道路，那我相信這是錯誤的。宗教絕對不可以這樣。但是，如果是以人類學的方法來了解權力是要為人群服務，那就是完全不同的另一回事。

宗教是用於服務人群，但如果宗教讓自己與膚淺的政治同流合汙、暗盤交易，那麼沒錯，宗教可以變成一種惡質的權力。宗教必須要有健康的權力，這權力只限於為人類服務，旨在幫助人與天主相遇、幫助人獲得滿全。只有一種權力必須存在，就是它提議「我來幫忙」。宗教與政治權力對話並不是壞事，問題是出在當宗教與政治權力結合後的暗中行事。在阿根廷的歷史中，我相信各種情形都有一些。

思科卡拉比：延續這個話題。猶太社區在「阿根廷猶太人互助會」爆炸事件[9]之前與之後的差異頗大。在那時，有些社區領袖與阿根廷總統[10]關係非常好，但這些關係沒有結出果實。如果一定要說有，只能說結出的是苦果。我認為對話是必須要有的，但是要保持距離。如果一方只是想要佔另一方的便宜，那麼友誼不會存在。

當有困難時，我們需要能夠拿起電話，打給內閣官員或文化部長，但其中必須畫下清楚的界線。我知道，天主教會內有像克利斯汀・維爾尼赫（Christian von Wernich）11 那樣惡劣的神父，涉及虐待政治犯致死的事件。像他那樣的人，實際是在支持這些舉動，因為他赦免那些人去謀殺，而不是明白確定地告訴那些人，他們所行的是謀殺行為。

教宗方濟各：在類似那些情況下參與的人，都是共犯。

8. 創世紀1章28節。
9. 成立於一八九四年的「阿根廷猶太人互助會」（Asociacion Mutual Israelita Argentna，簡稱AMIA）位於布宜諾斯艾利斯，是拉丁美洲最早成立的猶太社區中心。一九九四年七月十八日，一輛裝滿爆炸物的汽車衝入AMIA，造成八十五人死亡及三百多人受傷，建築全毀。雖然兇手身分至今不明，但一般相信該事件與伊斯蘭教激進派有關。一九九九年五月，一座新的現代化八層樓建築落成。
10. 指前總統卡洛斯・梅內姆（Carlos Menem）。
11. 克利斯汀・維爾尼赫神父在阿根廷軍政府統治期間（一九七六至一九八三年）擔任布宜諾斯艾利斯警察局的監獄牧靈神父，涉嫌利用職權將政治犯告解內容洩漏給軍警，於二〇〇七年以協助軍政府多起謀殺、綁架以及刑求致死之罪名，被判終身監禁。

思科卡拉比：人終究是人，我們不相信人可以像天使一樣，完全忠誠地遵守神的命令，因為天使沒有自由意志，而人會被自己的情感影響。在某種程度上，要領導一個宗教團體的人，必須要有自信、很高的自尊，以及至少一點點的自負。如果缺少這些，他們就無法擔任這項任務。任何一個敢把自己的頸項伸出來擔任宗教團體領導人的人，必須能夠重新肯定自我。

我們常會聽到類似這樣的疑問：「他會如何使用那種權力？」因為權力總是要用在某些事情上。記得我打電話給你談論選舉新教宗的事情時，我說的話嗎？我說：「我希望神光照這些樞機，教他們選出最適當的人來。」在歷史上，成為教宗意味著成為一個重要的聲音，即使這個聲音常遭批評，但是大家還是重視它。我也希望他們選出一個性格溫和的人，因為這個人可能會被召叫去做非常重要的事。問題的重點在於，當一個人握有這麼大的權力時，他是否能夠依然保持誠懇謙卑，並且能夠挺身面對這挑戰。

五十年前不可能有這樣的對話，如果不是因為你，現在仍然不可能。我們必須打破這個惡性循環。作為阿根廷教會的領袖，你用了你的權力做了一些事。我們不應該一直讓一些胸無大志的庸才坐在握有大權的位置上。

教宗方濟各：有位非常聰明的耶穌會神父說過一個笑話：有個人驚惶地跑來求助，是誰在背後追他？暴徒？劫匪？都不是，追他的是個握有權力的庸才！確實，被一個自視過高的庸才領導，是多麼難過的一件事。當一個自視過高的庸才擁有一點權力時，我為他手下的人感到悲哀。我父親常對我說：「當你往上爬的時候，要對遇到的人和善，因為當你下來時還會遇到他們。不要自視太高。」

權柄來自上天，它會被如何使用，又是另一回事。當我在讀〈列王紀〉時，會覺得毛骨悚然，因為那裡面只有幾個是天主眼中的正義之人，絕大部分的人都不是。當我們讀到這些宗教君主的行為時，不免令人咬牙切齒，他們甚至犯了謀殺罪：神聖的君王達味（大衛）不但是個姦夫，還為了掩藏犯行，命人把那女子的丈夫殺死。但是，他仍然擁有人性，當他被先知納堂（拿單）斥責時，他承認自己犯了罪，並請求寬恕。他退到一旁，請求上主派人來替代他。

在我們的傳統中，權力是天主所賜，上主說：「不是你揀選了我，而是我揀選了你。」當我覆手祝聖晉鐸的神父時，我告訴他們，他們到修院研習不是為了要做神父，神父不是個職業；不是他們選了這條路，而是他們被揀選。但是現在他們變得怎樣了？我們是人，我們是罪人，我們不是天使，如你所說，拉比。一個人可能會被捲入不是他晉鐸時所被授予的權力，而是另一種權力。一個人也可能自視過高，或是使用世俗的權力，那都不是上主所要的。

對教會而言，失去「教宗國」（Papal State）[12]是一件好事，因為現在很清楚，教宗只有三分之一平方英哩的土地。但是，當教宗同時是靈性與俗世的君王時，就會有宮廷及其他事件的糾葛。現在他們沒有這些糾葛了嗎？有，現在還是有，因為有些教會裡的人有野心，很悲哀地，他們犯了名利野心之罪。

我們是人，我們誘惑了我們自己；我們必須非常警醒地看顧自己所領受的傅油，因為那是來自天主的恩賜。教會內的權力圈，過去存在，現在也存在，是人的情況所造成。當人不再是被揀選去服務，而變成自己選擇去任意地生活，他的意向就會被自己人格的缺陷所汙染。

12. 編注：教宗國位於南歐的亞平寧半島中部，是由羅馬教宗統治的俗世領地。一九二九年羅馬教廷正式承認教宗國滅亡，由梵諦岡取而代之。

20/ 共產主義與資本主義

ON COMMUNISM AND CAPITALISM

教宗方濟各：共產主義社會普遍認為，所有超性的事物，以及會讓人對現世以外的世界懷著希望的事物，都會癱瘓人在世間的工作，因為這些事物會像鴉片一樣使人頹廢而墨守成規，使人忍受痛苦而不求長進。但是，這不僅是共產主義的觀念而已，資本主義社會對於信仰也有另一種扭曲的觀念：必須要抑制宗教。資本主義社會要抑制宗教，減少它對資本主義的妨礙，因此要將宗教拉到世俗的層面。資本主義容許宗教可以有些超性，但只能有一點點。至於「鴉片」的定義是什麼，這兩個敵對的思想體系各自有各自的看法。

共產主義無法容忍宗教，因為共產主義要所有事情都是為了人類的進步，這是來自尼采的觀念。相反地，資本主義容忍被抑制過的宗教信仰，以彰顯世俗的精神。對虔誠信仰的人而言，敬拜天主意味著完全臣服於祂的旨意、祂的公義、祂的律法，以及祂的啟示。但是利用宗教的世俗之子，態度則是不冷不熱。他們會說：「行為檢點些，但也不必那麼認真。變通一下沒關係，只要不是太過分。」他們的態度良好，但習慣不佳；他們是文明的消費主義與享樂主義、政治掮客，或是斂財者——全都是世俗的顯現。

思科卡拉比：無論是去分析馬克思的「宗教是人民的精神鴉片」理論，或是讀尼采的「上帝已死」，我都難以相信這些聰明絕頂的人，為何會忽視人類真心尋求神的重要性。我試著從兩方面來理解他們的論述。第一點跟你剛才說的有關——馬克思對神沒有興趣，他只對現世的事物感到興趣。他從未寫過任何與超性精神的期望有關的文字。他認為，只要社會經濟制度更健全，一切問題都會迎刃而解。

那時候的教會與其他宗教都沒有提升人民的生活。基督信仰在世界各地快速傳播開來的時候，世界正處於信仰危機中，人們渴望尋到值得信賴的生活價值標準。若非如此，我們無法解釋為何基督信仰會擴張得如此快速。虔誠的基督徒也許會說，是因為耶穌的生命事蹟具有如此強大的震撼力，讓整個世界受到感動，因此許多人立即接受了祂。即使我們接受那個觀點，從歷史的角度來說，當時的環境也非常適合革新——異教信仰正在衰微，造成了人對宗教的需求，基督信仰回應了人們的找尋。馬克思在世的時代情況也類似，性質卻恰恰相反。那時宗教沒有滿足人對信仰的渴望，因此馬克思寫下了他的理論。

我想，馬克思的叛逆，或許正是因為他也想要找尋一個偉大的靈性真理。同理，我覺得今天的世界正在遠離神，因此有很多教派紛紛興起。它們說：「你只要做這事，就會一切平順。你將會有美好的來生。」但是信仰的旅程遠比這要深刻，它不會給你一個像科學試驗般的確定答案。這是關乎信仰的問題，必須非常謹慎地檢驗，並不斷地重溫。

教宗方濟各：有些人說，只要你能忍人所不能忍，宗教就能應允你有更好的來生。然而，天上的償報並不是讓我們免於承受我們必須為個人、社會、倫理正義、為祖國、為人類而奮戰的責任。如果一個人逆來順受，什麼都不做，只是守株待兔地盼望天堂，他就真的是在用鴉片麻醉自己了。

那些受到迫害與摧殘的人——像上個世紀遭到種族屠殺的亞美尼亞、猶太及烏克蘭這三個民族——幾乎大部分的人都會為了爭取自由而奮戰。也許他們當中也有一些人覺得自己力量不足，就將自己託付給天主，而沒有做他們所該做的。天主教的教理說，人具有對自己行為的主動力，天主將這個能力賜給了人，因此人不能用天堂來做藉口，自己不求長進。我們必須在道德、科學、教育、工作各方面都奮力向上。我們必須奮力對抗鴉片的麻醉。

思科卡拉比：正如〈聖詠〉（詩篇）所說：「蒼天確實是上主的蒼天，上主給世人賞賜了塵寰。」[1] 我們要盡力活出平衡的生活。當我們失去平衡，我們就失敗了。

教宗方濟各：我們從猶太教繼承了同樣的觀念。猶太人在埃及時，沒有懦弱地靜待被釋放，而是讓天主用祂的上智帶領他們戰鬥。猶太人經由戰鬥佔領了客納罕（迦南）；當希臘人要壓迫他們時，瑪加伯展開了抗暴。他們做了他們應當要做的，爭取到了自由，在此同時他們也不斷祈禱。有次，他們雖作了準備，但他們憂慮自己的軍力落後。先知告訴他們說：「不要害怕……因為戰爭不在乎你們，而在乎天主。」[2] 只有很少數的幾次，天主免除了他們應該要去進行的戰鬥。

有時，天主會免除一個人應做的努力，以彰顯祂的大能。但是通常的情形是，祂會說：「我會與你同在，但你必須去作戰。」那就是梅瑟（摩西）所做的，在人們奮戰時，他高舉雙手，為他們祈禱。

思科卡拉比：《塔木德》有一個教導說：「在今世一個小時的克制與懺悔，回歸於神並行善功，勝過在來世用整個生命去做；在來世一個小時的精神寧靜，勝過今世的整個生命。」[3] 總而言之，兩者都十分重要。為了來世的緣故而不顧現世的生活，這是不對的。

在同一段落中，《塔木德》也說：「正義的人會在未來的生命中得到他們工作的償報。」[4] 這讓我想到：「神貧的人是有福的，因為天國是他們的。」[5] 我們不必把這解釋為我們應該要活在貧困窮苦中，以為這是通往永生的道路。以我的解釋，「神貧」的意思是，想要尋獲天國，不需要累積財富，但要行為正直。根據〈創世紀〉的

1. 聖詠（詩篇）115 章 16 節。
2. 編年紀下（歷代誌下）20 章 15 節。
3. Avot: 4:17.
4. Avot: 2:16.
5. 瑪竇福音（馬太福音）5 章 3 節。

故事，神要人「治理大地」，我將此理解為我們應該盡量過好在現世的生活。

猶太教也不贊成禁欲主義，因為禁欲主義主張除了誠實、正直、心靈潔淨之外，還必須放棄所有塵世的享樂，即使那是完全合乎倫理與道德的安樂。《塔木德》有句話說：「到末了，人要為自己所有看到但沒有品嘗的美好果實負責。」[6] 正如〈申命紀〉所說：「應做上主眼中視為正義和美善的事，使你能獲得幸福。」[7] 正當如此，盡力去做，不論是現在，還是未來。

6. Hireosolymitana, Kiddushin, Chapter 4, page 66, column 2, Halacha 12.
7. 申命紀 6章18節。

21/ 真正的全球化：保持多元差異的多面體

ON GLOBALIZATION

教宗方濟各：如果我們把全球化當成什麼都一模一樣，那麼每個文化的特質就會喪失了。我們應該提倡的是真正的全球化，像一個多面體，各方都被整合在內，但每一個參與者仍保存著它的特點，同時互相充實、提昇彼此。

思科卡拉比：當我想到全球化時，我會很天真地想到很多事，譬如我會想，如果大家都用統一的標記，那麼我們不論到哪個國家、哪個機場，都不會在機場內迷路。就這方面來說，我認為全球化是很棒的事。但是我無法理解的是，美國的樂團怎麼會突然就紅遍布達佩斯。

在這種環境下，強調個性化的的思潮興起，也影響到猶太教、基督宗教與伊斯蘭教。我不覺得企業間的國際交易是件壞事，只要有適當的規定及限制，並確保社會大眾的利益不受到傷害。全球性的互動是好事，只要有某些標準可以防止物質主義的毀壞性。

我相信不同民族之間需要有互動，只要每一個群體能保存並加強它們的特性。一個文明進步的社會知道，自己要有足夠的信心，才能夠觀察別的社會在做什麼，然後決定它自己喜歡什麼，或不喜歡什麼。這就是猶太民族在被亞歷山大侵占後所做的——《塔木德》裡不乏希臘及羅馬的思想，因為他們不能斷然漠視其他族群的真正成就。

如果一個民族真正地相信自己，他們就能與其他人進行有意義的思想交流。這就是我看待文化的全球化的方式。但是，當國家缺乏自信、人們不顧慮其他同伴、人們剝削其他人時，下場就是沒有管制的資本流動，如同我們近年來所看到的情況。

教宗方濟各：使所有東西變成單調一致的那種全球化，本質上是帝國主義，手段上是自由主義，但它是不人性的。最終，它會導致國家被奴役。我以前說過，我們必須在人性的和諧一致中，保持多元的差異。你前面提到了全球化精神的優點，它可以幫助我們對彼此更加了解，但是它也可能不利於種族。

我們常聽到種族「大熔爐」這個說法。如果這只是文學性的描述，那沒問題。但如果這是意味著要將所有民族全部融成一體，就有些不對勁了。一個民族必須維持它自身的特性，但同時也要與其他民族和諧共榮。

思科卡拉比：在阿根廷，主張「大熔爐」的人是希望創造一個阿根廷模式，要所有人都褪去他們的皮膚，將自己轉型。這些極端分子並不想要藉著互動使我們更好。

教宗方濟各：他們是基本教義派。阿根廷歷史的一個特色就是多元種族。這顯示出相當的團結性以及對個別特性的尊重。我想，拉丁美洲——包括烏拉圭、秘魯南方以及部分智利——是「多元融合」最普及的地方。這裡指的是「多元融合」這個名詞的正面、豐富的意義。不同文化在這裡廣泛地交會，而不是「融化」。

我喜歡看到在節慶時，各種不同文化的社區都參與的盛況。因此，我認為政府作了正確的抉擇，在籌劃兩百週年國慶時，他們讓各個不同文化的社區都能參與，顯示出我們國家的多元性。

22/ 金錢的義與不義

ON MONEY

教宗方濟各：基督信仰對於共產主義與沒有節制的資本主義，是做同樣的譴責。私有財產確實存在，但它有在正義的範圍內為他人服務的義務。舉一個明顯的例子：將錢移轉到其他國家時，會發生什麼事？金錢也有祖國，有些人在一個國家經營企業，然後將所賺的錢存到其他國家，這也是一種罪惡，因為他沒有用這些錢來幫助這個讓他致富的國家，以及為他工作生產的人民。

思科卡拉比：聖經裡有個經濟計畫，記載在〈肋未紀〉（利未記）第二十五章中。這一段說的是，每個人都有他們自己的一塊土地，如果地主自己無法耕種，他可以出租，但法律要保障每個人都有對一些土地不可剝奪的贖回權，如此一來，每個人都能有尊嚴地維生。

無庸置疑地，歷史的經驗告訴我們，人需要一些誘因去工作。我們必須看看為何蘇維埃社會失敗了：在那裡，仍然存在著由一個階級把持權力的現象，而且這些人生活奢華，但是大部分的人民卻生活貧困。廢除私有財產絕對是導致它失敗的關鍵因素之一。「集體農場」是二十世紀非常成功的社會主義農業聚落的實驗，它成了以色列的國家支柱之一，促成了這個國家的誕生與成長。但是，那如今不再是以色列的經濟動力，所以他們研究其他經濟與社會計畫的方法，以求維生。他們認為，公平分配財富的私有財產制似乎是個好方法。

那麼，讓我們回到〈肋未紀〉所建議的法律與社會制度。在另一方面，如果發展社會制度的人將金錢及消費主義當作他們唯一在意的神，而不把人當作最高、最主要的受益者，其結果就是無情的資本主義。如果資本主義是用來幫助人民的，那麼我們歡迎它，否則就需要改進，以設計一個更公義的社會制度。

教宗方濟各：從這裡，我們了解到「社會責任」這個觀念的重要性。所有社會資源的使用權，都必須考慮到社會責任的面向。

思科卡拉比：我告訴我的學生，那些因為富有而驕傲自大、因為有錢而自認掌有權力的人，是不值得尊敬的。當然，要建立一個宗教團體時，你需要有經濟能力的人來幫助，但他們的錢必須是誠實賺來的。「認錢不認人」是不對的。你不能用沾血的錢來建立信仰。

教宗方濟各：第一世紀的傳道者有句話說：「巨大財富的背面都有一個罪惡。」我不認為這句話在所有情況下都適用。我同意拉比你說的：有些人認為他們捐了錢，就可洗淨他們的良心。但是我們所宣講的「良心的潔淨」是透過不同的途徑。

我前面說過，有時我會問辦告解的人，你有施捨乞丐嗎？如果他們說有，我會繼續問：「你看著他們的眼睛嗎？你碰觸他們的手嗎？」這時候他們就會開始支支吾吾，因為太多太多人只是丟下銅板，卻把臉轉開。這就是架子，這就是姿態。

我們若不是選擇活在我們的弟兄之中，就是活在不義的金錢之中。我們的第七誡說：你不可以偷竊。有些人擁有不義的金錢，想要以善行來彌補。如果他的行為沒有改變，也沒有悔改的明證，我永遠不會接受這種心態的補償。要不然，這人自己良心安了，但是行為依舊。曾經有位宗教領導者被人指控收受毒販的捐款，但他說他用這錢來做善事，只是沒有詢問錢的來處。這是錯誤的行為。我們不能接受沾了血的錢。

宗教與金錢之間的關係，向來不是容易處理的問題。有的人總愛談論梵諦岡的黃金，但那是擺在博物館裡的。同時，我們也必須了解博物館與宗教間的區別。宗教需要金錢來推行它的工作，這是經過銀行處理、合法的金錢。重要的是如何使用收到的捐助或奉獻的錢。梵諦岡的財務是公開的，它總是有赤字。博物館收到的捐獻及門票錢，是用在漢生（痲瘋）病醫院、學校、非洲、亞洲，以及拉丁美洲社區。

思科卡拉比：世上不可能有個完美無缺的機構，即使是宗教性的機構，因為人是不完美的，每個人都是矛盾的。神父、牧師、拉比加入宗教組織，有各人不同的原因。有的人可能是為了改善自己，或是作為自我控制的方法，但是到了某個程度，他們就會步入歧路。不是每一位神職人員的行為都是毫無瑕疵的，但這不應該減損宗教的本質。我們不應該由於一個人的過失，就將整體論斷為偽善。我們必須將麥子從穀殼中分出。

但是，我們對宗教的要求標準應該更高，因為宗教建立於高尚的品德之上。滿口講論虔誠、行為卻不符道德標準的人，是雙倍的過錯，正如一名法官不公平的判決，會使公民失去對司法制度的信心一樣。在阿根廷的獨裁政府統治期間，那些負責對付游擊隊的人也是雙倍的過錯，因為他們無視正義，完全走錯道路。除了造成無數家庭的痛苦外，他們對阿根廷的傷害極為嚴重。我們可以說，那些行為不正的政客也是同樣地犯了雙重錯誤，因為他們有義務要作為榜樣。

教宗方濟各：對一個神職人員——無論是拉比、神父或牧師——來說，最糟糕的事莫過於過一個雙重生活。一般人如果有了家庭，又在外面另築愛巢，也許不會受到那麼大的譴責，但是如果是個神職人員，就會受到極為嚴厲的譴責。教宗若望保祿二世對這種雙重錯誤的態度向來非常直率、不留情面。在安布羅夏諾銀行（Banco Ambrosiano）醜聞事件中，他責令他們必須全部賠償。[1]

1. 安布羅夏諾銀行是一家成立於一八九六年的義大利金融機構，於一九八二年宣告破產。在銀行倒閉期間，它的總裁是羅伯特．卡維（Roberto Calvi）。卡維是非法的共濟會分會（Propaganda Dos）的成員。梵諦岡銀行是這個銀行的主要股東。

23/ 濟助貧窮與慈善工作的真義

ON POVERTY

思科卡拉比：宗教對消滅貧窮有完全與絕對的義務。《塔木德》的很多部分都有條文告訴我們，必須要幫助貧苦之人。先知也一再呼籲，特別是先知書中的歐瑟亞(何西阿)、亞毛斯(阿摩斯)、米該亞(彌迦)及依撒意亞（以賽亞），他們講道的重點都是全心為了窮人。

我們要建立一個公義的社會來榮耀神，在這個社會中，每個人都可以有尊嚴地活著。聖經的基本要義之一，就是沒有一個社會、城市、民族——我要再加上國家——可以忽略健全的倫理要素以及對社會各階層的保障。聖經中一再重複，要幫助寡婦與孤兒。猶太社區的傳統，會為飢餓的人成立一個救助團體。在阿根廷，由「阿根廷猶太人互助會」發展的社區扶助計畫，以及他們聯合其他猶太機構所做的救濟工作，都十分聞名。他們一直致力於協助貧困的人。

在聖經中，所有關於財產權利的條文，都試圖要保證個人不會累積大量的地產（這樣一來，每個家庭都能有足夠的土地維生），同時設立規定，防止土地被過分使用。根據《托拉》的規定，每一塊土地可以耕種六年，但第七年必須休耕，讓土地得以恢復它的養分。

在阿根廷，當災難發生時，這個國家總是立即伸出援手幫助貧困的人。我們社會的許多部門在濟助窮人這方面有很悠久的傳統。我記得在小學時，有次發生大水災，我帶了幾條毯子及幾箱衣物去學校，幫助那些災民。我們家非常熱心地幫忙，即使我家並不富裕。我們社區長久以來對猶太及非猶太人都提供援助。在比尼提卡瓦（Benei Tikva）會堂，我們會收集衣物，捐到聖地亞哥—德爾艾斯德羅省（Santiago del Estero）以及查科省（Chaco）的潘帕德爾印斐羅（Pampa del Infero）。

令人心痛的是，在我們竭盡心力幫助時，全國很多地區只是袖手旁觀。這是不公義的。許多孩子們無法去上學，只因為他們沒有鞋子可以穿著走路去學校。我們不是在表演奇蹟，我們只是盡力而為。畢竟，是聖經要求我們這麼做的；因為聖經說，當我們的弟兄受苦時，我們不能站著不動。

容我再多說幾句。我想要讓大家知道，長久以來，猶太人一直非常支持所有為了爭取西方世界所公認的自由、平等所做的奮鬥。譬如，在俄國革命時，猶太人對其結果非常關心，因為這完全是為了被壓迫的階級。他們認為，經由這場革命，可以讓所有像猶太人一樣受到煎熬與痛苦的人找到解決之道。我們不需要翻到太久遠的歷史，在七〇年代的社會解放運動時，基於理想主義而行動的群眾中，猶太人的比例遠超過猶太人在整個社會中的比例。

無論是參加共產主義或社會主義的政黨，還是所有為了低層人民爭取生活所需的運動，總是有猶太人的加入。即使是無神論的猶太人，他們也仍奉守祖先的命令，不只是為了個人的福利而奮鬥。如果另一個人遭遇困難，他必須為那個人奮鬥。即使我自己過得很好，只要其他人過得不好，那就是不夠好——我們每一個人都應該有尊嚴地活著。

教宗方濟各：基督信仰從依撒意亞先知那裡承接了猶太的這段經文：「將食糧分給飢餓的人，將無地容身的貧窮人領到自己的屋裡，見到赤身露體的人給他衣穿，不要避開你的骨肉……」[1]我們可以在最後審判的比喻中發現這個關鍵。那時，天上的君王將一些人分在他的右邊，一些人分在他的左邊（分別是好人及壞人），祂對右邊的人說：「我父所祝福的，你們來罷！因為我餓了，你們給了我吃的；我渴了，你們給了我喝的；我作客，你們收留了我；我赤身露體，你們給了我穿的；我患病，你們看顧了我。」[2]那些人問祂，他們什麼時候做過這些事，祂回答說，每次他們為王國中最卑微的兄弟所做的，就等於是為祂所做的。其他那些沒有這樣做的人，是有罪的。

在基督信仰內，我們對貧窮者必須具備的態度，簡單來說，就是「要真正地實行」。祂更進一步要求：必須是面對面、親身地實行。只是透過其他慈善或中介機構來實行，是不夠的。雖然中介機構顯然會有幫助，因為他們能使效果加倍，但是我們不能以中介機構為藉口，而不與需要幫助的人建立個人的接觸。病人我們必須要照顧，即使我們覺得他們很令人反感或厭惡；在監獄裡的人，我們必須去探望……我覺得要去監獄是一件很艱難的事，因為那裡的生活惡劣不堪。但是，我還是去了，因為上主要我親身去到那裡，與受苦的、貧窮的、病痛的人在一起。

對於貧窮的人，我們首先要關切的是他們所需要的幫助：「你餓了嗎？這裡有食物可以吃。」但是，我們的幫助不能僅止於此，我們必須朝著人格的提昇與社會的合一而努力。貧窮的人不能永遠被置於社會的邊緣。我們絕不能接受隱藏在心底的這種想法：「我們生活富裕的人要給生活貧困的人一些幫助，但他們應該就是那樣，離我們遠遠地。」這不是基督徒的行為。我們必須儘快將他們納入我們的社會，經由技職訓練……等方式，這樣他們才能改善生活。

十九世紀末葉，鮑思高神父（Don Bosco）為他在教堂內收留的貧苦無依的孩子們創建了學校，就是基於這樣的理念。他認為把他們送到公立高中沒有意義，因為那不會幫助他們改善生活，所以他創立了技術學校。布宜諾思艾利斯的神父們也在做一些類似的事。他們希望能幫助孩子們，讓他們花兩年的時間學會那些可以改變他們生活的手藝，成為電工、廚師、裁縫……等等。

我們必須協助他們學會謀生的技能。如果我們不為那些貧窮的人傳上自尊的

1. 依撒意亞先知書（以賽亞書）58章7節。
2. 瑪竇福音（馬太福音）25章31-46節。

油——工作——就是貶低他們的人格。我們絕不可以用厭惡的眼光看貧窮的人，我們必須正視他們的目光。有時也許這會讓我們很不自在，但我們必須要能這樣做。幫助窮人時的最大危險（或者可說是最大誘惑）就是落入一種家長式的保護心態，結果是不讓他們成長。基督徒的責任是要盡一切可能，將最弱勢的人納入他所屬的社群，一定要納入他們。

思科卡拉比：聽了你所說的之後，我要指出其它一些有趣的地方：將人聚集在一起，正是反映了《托拉》的教導——每個人都必須要被包含在內。我們也必須為了幫助人們而創建學校。首先創立職業技術訓練學校（ORT）的是俄國，他們剛開始時，也是只著重在手藝及技工的訓練。最初他們創建這類學校是為了貧窮的人，雖然現在的情況稍有不同（現在這些學校更是為了中產階級，而不是為了所有人），但是它們基本的信念仍是「工作帶來尊嚴」——也就是教導學生學會一個專長，讓他能夠面對生命的挑戰。

教宗方濟各：基督徒的慈善工作是愛天主及愛身邊的人。它可以從救助開始，但不能僅止於募款活動。有些事情被稱為慈善工作，但實際上是「社會良心的自我安慰」活動。這類活動的目的只是為了使自己感覺良好，但是，「愛」需要一個人從自己走出去，將自己真正地給別人。我們要去愛一個人，就必須親身為他服務。不過，有許多慈善工作只像個諷刺漫畫。我有跟你說過一個勞力士金錶的故事嗎？

思科卡拉比：沒有。

教宗方濟各：我在當主教時，有一次明愛會（Caritas）邀請我去參加一個慈善募款晚宴，他們宣稱參加者都是社會頂層的精英。我決定不去參加。那一天，當時的總統也出席了。酒過三巡之後，他們拍賣了一隻勞力士金錶。這是多麼丟臉、多麼恥辱的事。這是不當使用慈善工作，這是在尋找一個會為了虛榮而戴這隻手錶的人來救濟窮人！

感謝主，明愛會不再做這種事了。現在，他們長期在學校服務，興辦單親媽媽及遊民收容所，在烏拉圭以及總統府前的里瓦達維亞大街（Rivadavia Avenues）街角開麵包店，在那裡，他們也出售技術學校的孩子們做的工藝品。這是讓窮人他們自己來提升窮人。

有時，以慈善之名，而非行慈善之事，就像一幅意義良好，但畫得極差的漫畫。

沒有愛，就沒有慈善工作。如果虛榮是幫助貧困這個工作的一部分，當中沒有愛，那它就是虛假的慈善。

思科卡拉比：我將慈善工作定義為：對迫切需要之人給予協助，並且由此延伸，對需要立即與快速協助的人也予以協助。不過，聖經是用另一個字「tzedakah」來表示對貧窮者的幫助。拉比將這個字解釋為我們應該付的一種幫助窮人的稅。這個字與「tzedek」（公義）的字根相同，似乎也由此產生了一種觀念：任何一個有貧窮人存在的社會，本質上就是不公義的，必須藉著「tzedakh」來修正這種錯誤，或者至少能改進一些。

我們在《塔木德》發現另外一種「gemilut hasadim」的觀念，這個名詞可以翻譯為「溫柔仁慈的行動」。這是指一個人對他同胞的幫助——無論是金錢的濟助還是助人的行為，無論是為了富人或窮人、生者或死者，如果是對死者，要妥善地埋葬他們。我相信基督信仰所宣揚的愛，也包含類似這兩種觀念。

教宗方濟各：關於「溫柔仁慈的行動」這個觀念，讓我想到「慈善的撒瑪黎雅（撒瑪利亞）人」的比喻。耶穌問誰是那遭遇強盜之人真正的近人時，群眾回答說：「是憐憫他的那人。」3

你提到的第二個與公義有關的觀念，在基督信仰裡，是從教會的社會教義中發展出來的。社會公義的觀念過了相當久的時間才傳揚開來，但現在已經是普世的價值了。一般人如果拿教會社會教義的教導文件來讀，會訝異於它所抨擊的事，譬如譴責自由經濟主義。大家都以為教會反對共產主義，但實際上，教會對今日我們所見的自由經濟主義的反對，不亞於對共產主義的反對。

我們必須追求公平的機會與平等的權利，也要為社會福利、有尊嚴的退休、員工休假、休息時間、工會自由……等等而努力。建立起社會公義的，就是所有這些事情。沒有人應該被剝削，也沒有任何事比剝削更可惡——我要強調這點，剝削比讓一個人無法謀生、比不讓人工作更惡劣。

有一則軼事可以幫助我們了解在這個議題上的教會良心：在羅馬帝國對教會迫害期間，皇帝命令一位名叫樂倫（Laurence）的教會執事將所有教會的財產都交出來。當期限到來，樂倫帶著一群窮人去見皇帝，說：「這些就是教會的財產。」這種典範

3. 路加福音 10 章 37 節。

便是我們必須護衛的，因為每當我們把這種典範棄置一旁——無論是整個教會這樣做，或只是一個小團體——我們就違反了我們的本質。

我們應該以弱小的人群為榮，因為他們使我們向前邁進。窮人是教會的寶貝，我們必須看顧他們。如果放棄了這種理想，我們擁有的就會是一個不冷不熱、衰弱而平庸的教會。我們真正的力量必須來自服務。我們不能一邊以心神敬拜天主，一邊卻不容納需要救助的人。我相信我們都同意這一點。

思科卡拉比：當然。猶太人帶著果樹初長的果實到耶路撒冷聖殿，為此感謝神。〈申命紀〉第二十六章說，到了那個時刻，我們要在神的面前聲明說：「我的祖先原是個飄泊的阿蘭人，下到埃及……」[4]他之所以如此，就是因為他飢餓無食。這幾句話讓我們想到貧窮。

今天，猶太人及基督徒一起幫助貧窮的人。培培（Pepe）神父與艾福路齊（Avruj）拉比兩人在貧民區合作無間。雖然身為拉比的我們在會堂的工作非常忙碌，但我們還是會將部分時間保留起來，專門用來幫助前來求助的人。我們人很少，所以我們沒有很大的組織，無法主動地去找尋需要幫助的人，也沒有常在貧民區或窮鄉陋巷露面。

但是，當拉比到貧民區去幫忙時，他去幫助的並不只是猶太人。我們不勸人信教，只是完全地奉獻幫助我們的同胞。

我們是個小團體，所以缺乏可以定期到貧民區做更深入服務的人。我們的人數限制了我們可以做的事。讓一位神父去管理一個百分之九十都是基督徒的社區的新教堂，與去興建一座猶太會堂是兩回事，因為沒有那麼多猶太人。

教宗方濟各：從阿根廷的歷史來說，貧民區的神父是相當晚近的現象，是大約四十年前才開始的。那時的扎根曾經歷了一些困難，因為那是在教會體制系統內的新嘗試。同時在這個情形下，也必須釐清其中沒有任何政治動機，因為有時政治與宗教會被不當地連結在一起，而造成不信任。

神父參與了這類工作，就能透過群眾的虔誠而感到自己更歸屬於教會，他們也會得到長上更親切、了解的對待。無論如何，那時布宜諾斯艾利斯的總主教被人指責對貧民區的神父偏心，這也不是什麼新現象了。

在義大利，鮑思高神父為最貧窮的人服務便引起了主教們的不信任，就更別提鮑

4. 申命紀26章5節。

思高神父的神師——創辦慈幼會的嘉法沙神父（Don Cafasso）與創建愛德傳教小修女會的奧廖內神父（Don Orione）了。他們是為貧苦者服務的先驅；在某種程度上，是他們迫使了教會當局的改變。在這裡，貧民區的神父也促成了教會機構在管理上的改變。

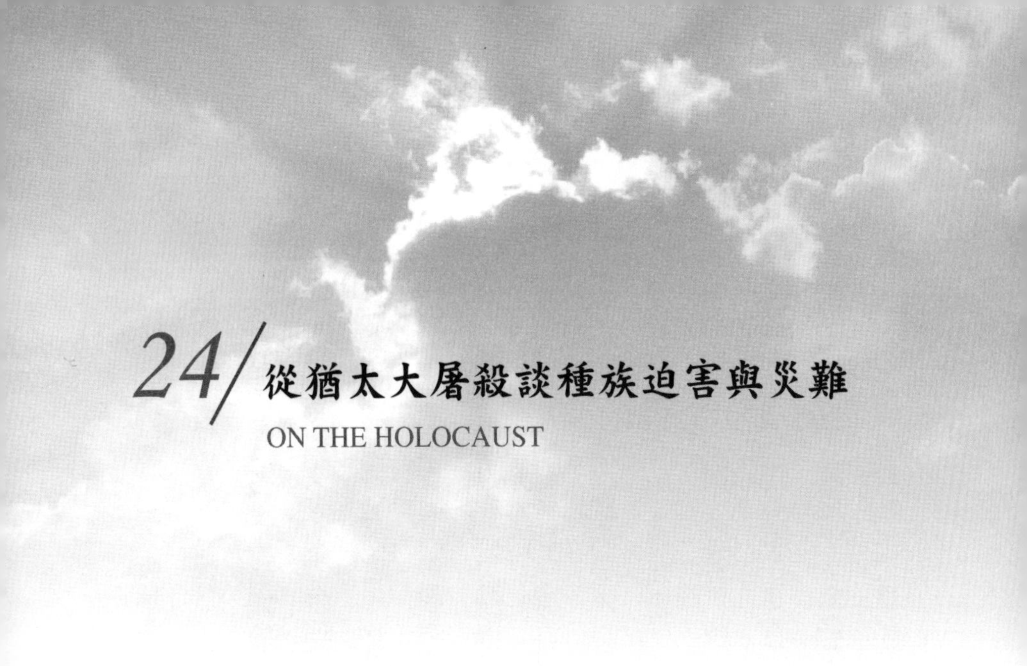

24/ 從猶太大屠殺談種族迫害與災難

ON THE HOLOCAUST

思科卡拉比：猶太大屠殺（Shoah）[1]是個極端重要的議題。有個常被問到的問題：「在猶太大屠殺時，神在哪裡？」這個問題我們必須很謹慎地來問，因為雖然我們有時喜歡說自己是有自由意志的受造物，但其他時候其實質問神更方便：在面對這麼多人類殘暴的事件時，祂在哪裡？為何祂什麼都沒做？猶太大屠殺的時候祂又在哪裡？

我相信有些問題是沒有答案的。有些事情我們永遠不會了解，但是很明顯地，在我們問神在哪裡之前，我們應該先問問：那些人在哪裡？「那些人」包括了實際做這些事的人，以及那些無情、冷酷、袖手旁觀的人——也就是屠殺的兇手，還有那些轉過臉去

1. 原文Shoah是希伯來語，原意是「滅絕」，也被用來當作「浩劫」的意思。猶太人用這個字來稱納粹對猶太人大屠殺的歷史。

默不關心的人。猶太大屠殺不是被憤怒激起的單一事件，而是深植在歐洲文化的一個陰謀，想要消滅整個民族，只因為他們是猶太人。

教宗方濟各：這個關於天主的問題，早已不是新問題。我記得在我十二、三歲時，有次我們家人要去參加一個婚禮，但是在婚禮前不久，準新郎的母親可能因為太過興奮，心臟病發而亡。我們衝出家門，要趕去這位女性的家中，當我們到達時，剛好與準新郎擦身而過，聽到他喃喃自語地說：「他們還說有神的存在。」

基督信仰也經過災難與被迫害的時期。我同意你說的，有些問題是沒有答案的。我們總是想要有個能夠令人滿意的解釋，好像小孩子正值喜歡問「為什麼」的年紀一樣。小孩子還沒聽到答案，就已經在問新問題了——他們要的是父母能夠注意他們。關於你提到的另一個問題：那些人在哪裡？這是那個時期最違反人類合群的現象。列強都袖手旁觀、視若無睹，因為他們知道的比他們說出來的多更多，就像他們對亞美尼亞的種族屠殺事件也袖手旁觀一樣。那時候，奧圖曼帝國仍然興盛，世界正陷於第一次世界大戰之中，他們全都視而不見。

猶太大屠殺是二十世紀發生的種族滅絕事件之一，但它有一個明顯不同的特點，我不想說這是主要關聯而其他是次要的，但它確實有個特殊的地方：這個事件，是一個膜拜偶像的組織在迫害猶太人。「種族純淨」與「特優民族」的思維都是納粹主義賴以建基的偶像，這不只是地緣政治的問題，也是文化宗教的問題。每一個被殺害的猶太人，都是以偶像之名摑在天主臉上的耳光。

不久之前我讀了《奧斯威辛集中營的指揮官》（*Commandant of Auschwitz*）這本書，讓我難過得想要作嘔。這本書的作者是魯道夫．霍斯（Rudoff Hoss），並且由普里莫．利維（Primo Levi）作序。霍斯是納粹「死亡集中營」（extermination camp，俗稱「死亡工廠」）的指揮官，這是他在獄中所寫的回憶錄。此人在描寫這些事件發生過程時的冷酷，顯示出惡魔的本質。魔鬼在偶像中浮現，麻痺了人的天良。

思科卡拉比：你碰觸到了一個敏感的話題——也許是關於猶太大屠殺最敏感的一個。不久之前新聞報導，波蘭克拉科夫（Krakow）的主教說，猶太人把納粹的大屠殺事件「據為己有」，忽視了還有許多其他受害人的事實。有人認為，六百萬被殺害的猶太人，只佔二次世界大戰五千萬受害人中的一小部分。但是重點是，這些猶太人並非為了某個政權作戰而死，他們不屬於軍方。總之，無論是哪種原因，都不能使這屠殺事件合理化，也不會減輕這事件的罪惡。

猶太大屠殺是為了要滅絕一群人，僅僅因為他們同屬於某個團體，有著同樣的文化與信仰。也許這些兇手認為，他們是在與以色列的神對抗。也許就是因為這樣，這事件在英文中才會被稱為「holocaust」（源自希臘文，holo 意為「祭品」，causto 意為「火」或「被丟進火裡的祭品」），為這事件取名的人，可能是覺得這個罪行是將猶太人當作祭品，獻給納粹創造的邪神。

這事件在希伯來文中是寫成「Shoah」，是引用自聖經的一個名詞，意思是「滅絕」，這是為了讓我們清楚地知道發生的是怎麼樣的事，是一群人要滅絕另一群人。在波蘭，有千千萬萬的人死於戰爭，但他們跟這些死於猶太大屠殺的人不一樣，因為有些波蘭人、拉脫維亞人以及立陶宛人，他們也在集中營裡，目睹、參與了殘殺猶太人的慘劇。

納粹企圖要從世界上抹除猶太—基督信仰的觀念。超現實主義畫家馬克·夏卡爾（Marc Chagall）有一幅畫，畫中耶穌被釘死在十字架上時，身上披著「塔利斯」[2]，祂的腳邊有燃燒的猶太教燭台，環繞祂四周的盡是殘暴的景象——被焚燒的猶太會堂、逃亡中的年老猶太人試著搶救《托拉》的經卷、驚慌的女人及幼童四處奔竄。我常說，在死亡集中營，他們殺害的不是六百萬猶太人，而是將耶穌殺了六百萬次。因為耶穌傳遞的是先知的訊息，祂的許多理念與教導都來自猶太。

教宗方濟各：這是非常基督徒式的信仰：耶穌就是每一個受苦的人。我們在受苦中滿全了基督的受難。

思科卡拉比：在《塔木德》中也有同樣的思想。在〈公議會〉（Sanhedrin）經文論及死刑時提到，即使是一個罪犯被處死，神也與他一起受苦。[3] 甚至在執行死刑的那一刻，神也與他在一起。我完全同意你。

教宗方濟各：在我剛才提到的那本書中，我看到一些非常恐怖的事情。他們把猶太人的牙齒拔掉、頭髮剪掉，然後惡劣到極點的是，他們挑選猶太人來接替這個任務。他們引領這些猶太人叛教，這樣就可以將罪責推給猶太人。這是一種撒殫式的心理——這樣就不再是納粹的過錯，而是猶太人他們自己的錯。這些事情背後的狡獪與

2.「塔利斯」（tallis）是猶太教男性晨禱時所用的披巾。
3. Mishnah Sanhedrin 6:5.

仇恨，著實令人震驚。

思科卡拉比：那麼，你怎樣看教會在那個時期的做法？

教宗方濟各：幾年前，德國的克勉．卡蘭樞機（Clements August Von Galen）因為對抗納粹，被宣為真福。我不知道他是如何保住自己的性命的；他是一位非常勇敢的主教，從一開始，他就譴責納粹主義做事的方法。教宗庇護十一世會說道地的德語，他用德語寫了一篇通諭，即使我們現在來看，仍不感覺過時，那篇通諭的開端是：「十分地憂心……」

起先，有些主教可能比較單純，他們不覺得情況有那麼糟。我們國家也有同樣的情形，有些人立即抨擊，其他人等得比較久，因為事情不是很明朗。當梵諦岡意識到事情的嚴重性後，就開始發護照給猶太人。庇護十二世去世後，科達．梅爾（Golda Meir）寫了一封信，證實庇護十二世曾救過許多猶太人。在義大利，教宗的使節是在羅馬的一所屋子裡辦公，旁邊有一座猶太人富翁所捐贈的公園，是為了感激教會在那時為他所做的事。有些生還者後來還去感謝教宗。梵諦岡在義大利有些房子是屬於治外法權的，在那裡他們庇護了許多猶太人。

這些我是從正面的角度來說的，但在另一方面，我聽說教會沒有盡力說出他們該說的。有些人相信如果教會那樣做，會有更多不良的後果，那教會就無法再救助任何人了。他們說，為了要掩護一些猶太人，教會的發言必須更加謹慎。誰知道我們是否能做得更好。近年來，有些嚴謹的歷史學家（其中有一人是耶穌會士）公布了詳盡的研究報告，認同教會的行動。

思科卡拉比：就是這個問題。關於卡蘭樞機，這位來自敏斯特（Munster）的德國主教，我有個故事要跟你分享。我的會堂的創始人，斐理茲．施泰因塔爾（Fritz Steinthal）拉比是個德國人，他是「水晶之夜暴動」（Kristallnacht）的生還者。那次事件發生在一九三八年十一月九日的深夜至十日凌晨，納粹黨人籌畫的反猶太集會將全國大部分的猶太人會堂及商店都摧毀了。

在拉比的回憶錄中，記述了他對卡蘭樞機及其他天主教神父的感謝，因為他們冒著自己生命的危險救助猶太人。但是，關於教宗庇護十二世在猶太大屠殺事件中的作為，卻很難得到一致的結論，因為正反兩面的報導都有。就像你提到的，我們有科達．梅爾的信，但也有一些書指責他沒有盡本分地大聲疾呼。世界猶太總會（World

Jewish Congress，簡稱 WJC）要求梵諦岡公開他的檔案。我認為，如果我們將事情始末都調查清楚，對所有細節都反覆檢驗，直到找出哪裡出了差錯，這對所有相關人士都有好處。這也是我們確保不再犯下同樣錯誤的唯一途徑。我相信，當有必要的時候，自我批判是繼續向前的唯一方法。

我不知道為教宗庇護十二世宣福的神學原因，我也不懷疑他曾是教會的一個重要領袖。我對他抱著的最大一個疑惑是，當他知道了猶太大屠殺的事件後，他怎能還保持緘默？是什麼阻擋了他站在高處憤怒地大聲指責？先知們對最細微的不公義都嚴厲指責，如果他大力批判納粹，會產生什麼效果？是否會喚醒世人的良知？是否會有更多的德國軍人起來反抗？我不是說這些事一定就會發生，我只是試著將自己置於那些受苦者、那些不能再為自己發聲之人的處境來看，好像我在與他們講話，感受他們的痛苦一樣。

是否應該為了拯救一些人，就放棄其他人？假設敵軍包圍了一座城，要求將一名無辜者交出來讓他們處死，否則他們將會把全城的人斬盡殺絕。根據猶太教律法，沒有人有權選擇誰應該被救、誰不應該被救。

教宗方濟各：你說到要公開猶太大屠殺相關檔案的事，我完全同意。他們應該公開這些檔案，讓所有事情明朗化。然後，我們就能檢視他們是否可以做些什麼、可以做到什麼程度。如果做的有不對之處，我們可以說：「我們在這件事上錯了。」我們不需要害怕這樣做，目標應該是去找到真相。如果一個人隱藏真相，就是把聖經拋棄了。他相信天主，但只到一個程度。他不是公義地行事。

我們絕不能忘記，我們是罪人，並且無法停止犯罪，雖然天主不要我們這樣。祂以祂的慈愛深愛著我們，但如果我不承認我是個罪人，祂的慈愛就無法臨於我身。我們必須知道真相，要去看這些檔案。

思科卡拉比：另一個有爭議性的話題是，教宗本篤十六世在位時，因為他允許某些教會團體為猶太人改信基督而祈禱，影響了猶太人與梵諦岡的關係。

教宗方濟各：原來的西班牙文禱詞更強烈，其中一句是：「我們為不忠信的猶太人祈禱……」雖然這句的拉丁原文意思是「那些沒有信仰的人」，但是教宗若望二十三世將它刪去。

思科卡拉比：教宗若望二十三世是為世界性對話鋪路的人。從他還是教廷駐土耳其大使時，他就救了許多猶太人，發給他們假的領洗證，讓他們逃過納粹的迫害。當他成為教宗後，推行了很多重要的改革。在他身上，我們看到牧者的真正意義。若望二十三世是一個行動派的人，他解決問題，勇於主張公義，並承擔風險。

一個大問題是，庇護十二世是否真的有冒任何風險，不只為了猶太人，更為了全世界？我要更進一步地說，我在想，他有沒有為教會承擔了他可以承擔的風險？生命中有些時候我們必須採取某種行動，因為，不在此時，更待何時？這些問題有時讓我很難過。

教宗方濟各：教宗若望二十三世發給猶太人假領洗證的事，我聽過很多次，但我自己沒有去查證過。

思科卡拉比：事實上，華倫柏格基金會（Raoul Wallenberg Foundation）有所有相關文件，證明此事的真實性。這個組織的使命就是要讓世人知道，這些外交人員與其他重要的人如何甘冒自己生命危險，救助猶太人。如果要更深入了解一些事情是如何發生的，我們必須去看每位教宗的生活背景及他們所受的教育。

庇護十二世是在梵諦岡的環境中受教育，他的家庭與羅馬教廷有關連。他是那種相信所有事都可以經由外交來解決的人，認為外交無法解決的問題，就是無解的問題。而若望二十三世出身於鄉下的一個平凡家庭，在那裡，人們的觀念是強調守望相助，用快速、實際的方法解決問題，這與外交折衝是完全相反的。也許這就是造成兩位教宗有所差異的原因吧。

教宗方濟各：我堅信我們應該要看歷史檔案是怎麼寫的。究竟這是個錯誤的看法，還是有其他原因？我不知道確切的細節。到目前為止，我看到的資料似乎非常偏向庇護十二世，但我也知道不是所有檔案都被檢視過。此外，你說的沒錯，教宗若望二十三世直到過世的那一刻，都不失鄉下農夫的本色。在他臨終時，他的妹妹用條冰毛巾浸醋放在他的額頭上，就像是在鄉下時那樣。

思科卡拉比：庇護十二世對猶太教與基督宗教的對話不是很感興趣，實際上他不喜歡這事。二戰之後，有些天主教會人士想要努力地改變這種態度，但是一直到若望二十三世當教宗後，情況才有所轉變。當他接見一位世界猶太總會的代表時，他伸出雙臂說：「我是你們的兄弟，若瑟（約瑟）。」這是聖經中若瑟與他的兄弟們重逢和好時所說的一句話。可見事情並非一直如此。

因為種種原因，有些基督徒對猶太人存在某種敵意。有些書本記載了在過去二十個世紀中，存在於不同基督徒教派的反閃族情結。有些神父宣講反對我們的言論，但也有些神父與我們保持著非常真誠與尊重的對話。歷史上也有些人揮舞著十字架，煽動當地人民進行屠殺及其他令人髮指的暴行。一九二〇及一九三〇年代，阿根廷還有些自稱是天主教的雜誌，宣揚對猶太人的仇恨。

至於現在，我相信我們正值一個中斷這些惡性循環的關鍵時期。讓我們重新開始，並提醒自己，我們本是同根生。雖然有人相信耶穌是神降生為人，而我們說神不會這樣做，因為沒有人可以用肉身的型態來代表神，但這不能成為製造仇恨與對立的理由。終有一天我們會知道真相，但在那同時，我們可以也應該一起合作。我們的基本倫理道德有頗多相同之處，使我們可以團結。

我們可以很容易地將福音書中的話聯想到《塔木德》中智者所說的話。歷史上的反閃族主義，大多都是出於投機分子或政客的煽動，譬如，當俄國沙皇亞歷山大二世被刺殺時，箭頭指向猶太人，然後教會就被政客利用來鼓動群眾。這是毫無疑問、有證據的事實。

現在的問題是：「我們要如何重新開始？」如果這兩個宗教的願望一致，雙方都祈求世界和平，那麼各自都必須拿出他們最好的傳統，與對方和平相處。我們可以互相提攜。亞伯拉罕．耶胡達．海紹爾（Abraham Yehuda Heshcel）拉比在紐約基督教創辦的聯合神學院的就職演講時，便是以「沒有一個宗教是孤島」為題。

我們不能重蹈覆轍，像在二次大戰之前那樣分離對立。我們的宣講應該是普世性的，為了所有人的利益；我們不要企圖改變彼此的特性，但要縮短我們之間的距離，使我們更接近彼此。

教宗方濟各：梵諦岡第二次大公會議的文獻中有句話，大意是：天主將自己顯現在人們面前，然後拯救了所有人，而首先得救的是祂的選民。因為天主對自己的許諾是忠信的，祂沒有拒絕他們。教會也正式申明，以色列人民和以前一樣是神的選民。教會從未說過：「你們輸了，現在換我們來了。」這是我認為梵二會議在這個議題上最具勇氣的宣言。

除此之外，人們不應該再像長期以來那樣，指責猶太人殺死了天主。我們在讀耶穌受難的敘述時，應該很清楚。就像我們不能為了阿根廷某個政府統治的時期，就責備所有阿根廷人民。

思科卡拉比：事實上，耶穌時代的以色列根本不是猶太人在掌權，是比拉多及羅馬人做的政治決定。在耶穌被釘死的十字架上寫者INRI[4]這四個字，意思是「猶太人的君王」。如果祂確實是猶太人的君王，那就表示祂在破壞羅馬的權威。再說，十字架不是當時猶太人處死用的刑具，更別說那時候公議會[5]已經不再判處人死刑了。就算以上所說的都與事實相反，他們也不會在逾越節執行死刑。即使有些猶太名流在那時說了耶穌不是神子，在那麼多世代之後，誰又有權力來指責他們的子孫？

教宗方濟各：確實，我們不能說任何一個民族殺死了天主，但我不願打斷我們剛才開始講的一些話題。你提到阿根廷曾經有、現在也仍然有教會的反閃族主義。我沒有教宗若望保祿二世那樣的經驗——他在學校時，班上同學有一半是猶太人——但我一直有猶太朋友，也許他們當中有些人會被叫作「俄國人」，那是我們孩提時代對「猶太人」的叫法。和他們每個人相處，我都沒有任何問題。

就像以前就有一樣，現在仍然有反閃族的天主教徒存在，但是情況沒有像一九三〇年代那樣糟糕，那時有些教會的人選擇了那條陣線。現在，阿根廷教會的政策非常明確：宗教之間的交談。我們必須說，引領這個方向的先驅是豪爾赫．梅西亞樞機（Jorge Mejia）及安東尼奧．瓜蘭西諾樞機（Autonio Quarracino）。

思科卡拉比：梅西亞樞機與馬歇爾．梅爾拉比一起做了很多事。他們共同創建了「最高宗教研究學院」[6]。在瓜蘭西諾樞機的墓地，有一些猶太大屠殺的相關文物展示，其中包括了從各個不同集中營遺址找到的猶太祈禱經本的散頁。這是他的願望，把這些留在那裡，留在大都會的主教座堂。

教宗方濟各：有些團體曾施壓要求將這些文件從那裡移走，放到博物館去，但我不贊成，後來此事就不了了之。

---

4. IRNI是Iesus Nazareus Rex Indaeroum的字首縮寫，意為：猶太人的國王，納匝肋（拿撒勒）人耶穌。
5. 公議會（Sanhedrin）是古代以色列的議會名稱，在每個城市由二十三名社會賢達組成。大公議會（Great Sanhedrin）是最高法庭，由七十一名以色列人民組成。
6. 最高宗教研究學院（Instituto Superior de Estudios Religiosos，簡稱ISER）是一個結合天主教、基督教與猶太教的組織。創建於一九六七年，旨在促進彼此和諧與了解，也從神學角度來分析國家的現況。該學院邀集多位宗教大師，譬如天主教神學家豪爾赫．梅西亞，他在三十年後成為梅西亞樞機。最早開始大力推動創建該學院的是馬歇爾．梅爾拉比。

25／七〇年代的艱難處境：創傷不是心懷怨毒的理由

ON THE 1970S

思科卡拉比：有些猶太社區的政治領袖，特別是「阿根廷猶太協會代表」（Delegacion de Asociones Israelitas Argentinas，簡稱 DAIA）常被人質問，他們在軍政府獨裁統治時期扮演了什麼樣的角色。但是在這十年期間，保守派運動也有了更多的影響力，他們的領袖馬歇爾·梅爾拉比就公開地為「失蹤者」（指在軍政府統治期間被捕後下落不明的人）辯護。他自己說過，這是場寂寞的戰鬥，但他盡其可能地參與。也是因為這樣，後來勞爾·阿方辛當選總統後，便邀請梅爾拉比加入「全國失蹤者委員會」[1]以表彰他的工作。

梅爾拉比告訴我們，在日日夜夜聽了許多嫌犯的

1. 這是由勞爾·阿方辛總統組成，專為調查阿根廷軍政府獨裁統治期間，傷害人權的情形。這個組織的最後一份報告是以「絕不再有」（Never Again）為題。

證詞之後，他對那些聲稱自己是為了榮譽而做這些事的人感到作嘔。我記得有次與他及他的一群學生去簽請願書，要求他們釋放哈科沃・狄默曼（Jocobo Timerman）[2]，但是「阿根廷猶太協會代表」反對此事，後來一直沒有公布請願書。我們很難對社會領袖做出批判。如你所說，每個行動都需要從當時的生活狀況、特殊的情況和環境，以及他們的難處來判斷分析。要責備一個人缺乏勇氣、榮譽心與認真的承諾，不是一件容易的事。但是，如果一個在社會上位居要津的人，看到軍政府統治時所發生的事件，他待在那個位子上，卻沒有發聲，那他就應該受到比別人更嚴格的審視。

在某些時候，一個人必須做出選擇，是選擇要順應時勢，或是要掛冠求去。那時軍方甚至綁架了「阿根廷猶太協會代表」主席乃西米亞・瑞思力斯基（Nehimias Resnizky）的兒子，當時謠傳主席與軍方私下達成某種協議，以換取釋放他的兒子。無論是誰來調查這個事件，都必須了解並釐清當時的狀況，以查證「阿根廷猶太協會代表」做了或沒做什麼。我不喜歡在尚未了解全部狀況之前就對人先下判斷，但是我可以說，當時這個組織內其他的一些人在發現是怎麼回事後，就改變了行動。

馬歇爾・梅爾的態度完全不一樣。他的行為有非常大的影響——他不是阿根廷公民，而是美國人，但他將先知的呼籲帶到我們中間來。我們仍保有他為了爭取阿根廷境內人權所做的演講及講道。在那時代，他的呼聲真是令人眼目大開。馬歇爾．梅爾向所有人開放大門，那時他所做的，以及我們跟隨他的榜樣所做的，都是為了幫助防止更多的不公義。

在那痛苦的幾年內，我們這些接近他的人，或多或少在某些方面都參與了這類工作。譬如，他指派他的一個學生斐力浦．亞費（Felipe Yafe）幫助他成立「全國失蹤者委員會」的科爾多瓦（Cordoba）支會。我本人則在獨裁統治的末期主持一個名為「神是我的安息處」的電視節目，宣揚民主政治的重要，以及其他與軍政府不同調的理念。

有些人為那時的「阿根廷猶太協會代表」領導人辯護，但是有一個我們無法迴避的事實：有無數的受害者家庭成員抨擊「阿根廷猶太協會代表」，而在另一方面，馬歇爾．梅爾證明了我們可以做到執政當局沒有做的事。他的成果受到了肯定，也證明了社會領袖的失敗。

2. 哈科沃．狄默曼是阿根廷《觀點日報》（*La Opinion*）的總編輯，被獨裁軍政府綁架後，驅逐出境。

教宗方濟各：天主教會的情形更為複雜，因為教會與阿根廷政府一直保持著歷史上的關係。教會通常傾向於使用溫和的勸說，雖然有時（還有在軍方政變後）也做過公開的強烈譴責。為了紀念「教會與國家社會」文件發行二十五週年，經過修正出版的《阿根廷的教會與民主》（*Church and Democracy in Argentina*）[3]一書的第三章討論到人權問題，也提到一九七六年五月的宣言。[4]

一九七六年三月二十四日，軍方發動政變後，有些主教馬上就察覺到發生了什麼事，譬如查世裴(Zazpe）主教聽到聖菲省的市長受到殘暴的拷打，就立即做出回應。其他一些受人尊敬的人，譬如漢撒彥（Heysayne）、豪爾格．諾瓦格（Jorge Novak）、傑米．納維爾（Jaime de Nevares）也立即有所察覺而做出抗爭。另外還有衛理公教會的人，譬如阿杜．艾爵國研（Aldo Etchegoyen）等等。這些人在各方面為人權努力，他們發言，也有行動。有些人做的很多，講的不多，但他們救了人民；他們到軍營去，與指揮官爭論。

那時我三十九歲，我自一九七三年開始就是耶穌會的省會長，我對於當時發生的事情知道得很少，因為當省會長與當有教區的主教是很不相同的。一九七六年三月二十四日，我正要搬家，那時我們不知道當天就會發生軍事政變，雖然我們知道此事遲早會發生。主教公署位於波哥大路三百號，而我們在前一年就已決定要搬到位於聖彌格爾（San Miguel）的馬克西模學院（Maximo College）。我們正巧選到了那天，因此當我們在搬家具時，全國上下正在想要弄清楚發生了什麼事，甚至當我們在搬運時，警察也來問我們發生了什麼事。

在聖彌格爾那裡，我們幫助了很多人。我們組織過靈性活動，又有神學系及哲學系的兩百個房間可用。我們收容掩藏了一些人好一陣子。後來，有些人自己離開了；剩下的人，有的等到有人可以將他們帶出國，或是有更安全的藏身之處時才離開。教會在這幾年做了些什麼？她做的就像任何有聖人也有罪人的機構或組織一樣。也有些人是這兩種人格的混合。一些天主教徒犯了錯誤，其中有些人走上正確的方向，有

---

3. *Church and Democracy in Argentina*, Conferencia Episcopal Argentina, Buenos Aires, 2006.
4. 一九七六年三月二十四日，阿根廷的右翼軍人集團發動政變，推翻當時的政府，由海陸空三軍司令組成軍人執政委員會掌權，強力鎮壓各種反政府活動，任意非法逮捕、拷打、殺害人民。從一九七六年到一九八三年，這段被稱為「骯髒戰爭」（Dirty War）的時期，被證實至少有九千名，可能多達三萬名以上的阿根廷人在被逮捕後，從此失蹤，下落不明。

些人卻以「這是跟共產黨對抗」來合理化自己的行為。

有一件驚悚而令人不知所措的事，就是軍政府對圖庫曼的「人民革命軍」游擊隊的處置。在軍事政變前，這個左翼游擊隊所造成的暴動，曾導致伊莎貝爾・裴隆（Isabel Peron）總統簽署了著名的二六一號總統令，要將他們完全摧毀。恐怖分子的攻擊讓很多人驚恐，我還記得發生在福爾摩沙省（Formosa）的屠殺新兵事件。然而，軍政府對他們所做的恐怖惡行，到後來才慢慢被人發現。

我認為這是我們祖國殘留的最大創傷，但這不能成為我們心懷怨毒的理由，因為仇恨不能改善任何事情。我們也不能太過天真，我們要了解許多痛失兒女的人，他們有什麼感受。他們失去了骨肉，卻哭訴無門，直到今天，他們仍不知道自己的兒女發生了什麼事、受過多少次拷打、是如何被殺害的。有人批評從一九七七年起，每週四下午在總統府前拉起布條做靜默抗議的團體「五月廣場的母親」（Madres de Plaza de Mayo），我想先問問這些批評者，他們有沒有將心比心去感同身受這些母親的哀痛。她們應該受到尊重與諒解，因為這一切都是如此悲慘。

讓我總結一下：在教會內，有來自不同團體的基督徒，有的基督徒因為參加游擊隊被殺，有的基督徒幫忙救助人命，有的基督徒鎮壓反政府人士，因為他們相信這樣才能拯救祖國。此外，也有不同類型的神職人員，像阿根廷的主教團就曾對政府勸說多次，也公開發表過立場。我同意你，我們必須做深入的調查，但我們不能就此認為這事情不是那麼複雜。

思科卡拉比：我們應該自問的是，在那個年代，當時的社會領袖真正握有多少權力？以「阿根廷猶太協會代表」而論，他們是國家級的猶太人代表，所以他們也是道德的權威，但是他們真正的權力有多大？我曾經試圖要探詢某個人的下落，我到處敲門，但都吃了閉門羹。那時我還很年輕，沒有任何人脈。但是我還是要問那些當時在位、具有權威的領導者，他們是否具備必要的本能去做該做的事？我指的不僅是教會，而是泛指當時阿根廷所有具有影響力與權力的人。那時他們是否真正握有權力可以做一些事，還是因為害怕失去權力而沒做？為何他們沒有任何抗議的舉動？

我想到，當時社會中每一個有權勢的人，他們都可以去敲門，去告訴想要消滅游擊隊的軍方，他們應該將游擊隊帶到法庭審理。不論任何情況，都不應該只是使人「失蹤」。那太可怕了。

教宗方濟各：在智利軍政府奧古斯托·皮諾切特（Augusto Pinochet）的獨裁統治時期（一九七三至一九九〇年），智利的教會就採取了類似你說的行動，成立了「神父團結」（Vicariate of Solidarity）組織。這個組織非常堅守它的路線。如我前面所說，它曾做了立場的宣示，並向政府進言，但這卻引起了一些猜疑。以我自己為例，我在《耶穌會》（*El Jesuita*）那本書中，也不得不對我被控訴的案子——關於兩位神父的那件事——提出澄清。

26/ 征服者、社會主義與裴隆主義

ON SOME HISTORICAL FACTS: THE CONQUEST, SOCIALISM, AND OTHER PERONISM

教宗方濟各：當我們討論到在西班牙佔領南美洲的歷史中，教會扮演了什麼樣的角色時，我們必須知道，當時南美洲的原住民並不是和諧相處的一個群體，而是最強的王國統治最弱的，他們已經處在戰亂的狀態中。現實的狀況就是，有些部族被其他強盛、先進的部族（譬如印加族）所壓制。

當我們詮釋歷史時，必須從時代的背景來了解；如果我們只是用現代的眼光來推論，就會扭曲歷史，而無從了解歷史。如果我們不研究文化的背景，就會做出過時而且不當的解釋，就像討論十字軍東征的歷史時常發生的那樣。現在，我們不了解十字軍東征背後的原因，但我們知道曾經有段時間雙方互相廝殺，土耳其人被逐出耶路撒冷聖地……當天主教徒掠奪並摧毀君士坦丁堡時，能有什麼神學解釋？這是個嚴重的罪，但是從文化的觀點來說，在那個時代，他們就是如此行事。這顯示了我們內在有時會有的殘暴本質。在那個時候，人們有一種要推廣信仰的觀念，但那卻伴隨著征服者的罪——這信仰是強加於人，甚至是藉著殺頭來達成的。

我們不能從倫理道德或純粹主義者的角度來分析歷史。不幸的是，歷史總是如此，不論有沒有信仰。這真是讓我們慚愧。在那個時期，信仰總是與刀劍並行。歷史必須從那個時代本身的解釋來分析，不是要去論斷事件的對錯，而是要去了解這些事件。從事件發生時的文化背景來分析歷史是絕對必須的，就像以我們今天的觀點來看亞巴郎（亞伯拉罕）將兒子依撒格（以撒）獻祭的故事，簡直是不可思議的事。既然我們研究歷史，就必須從那個時代的觀念與風俗習慣來看。

另外一個重要的關鍵是，歷史事件應注重全面、整體的分析，而不能只做片面的解讀，以免以偏概全，成為稗官野史的傳說。就像西班牙人在征服南美洲時期，曾被指出他們個個兇惡非常——很顯然地，他們到那裡是為了搶奪金礦的經濟利益；但是一起跟著去的人則未必，有些只是為了傳教，譬如保護原住民免於受到征服者迫害的加祿茂．拉斯凱賽斯修士（Bartolome de las Casas）就是一例。

幾乎所有傳教士都是非常善良的人，他們尊重原住民，並與他們發展出密切的友誼。他們一定會碰到不同風俗文化的問題，諸如：一夫多妻制、用人獻祭、酗酒……等等。在他們傳教的努力中，耶穌會士發明了「奇卡」[1]作為原住民烈酒的「替代品」，讓他們有些可以提神、但不是那麼傷身的東西，以幫助他們逐步改善酗酒的問題。有許多大力支持原住民人權的教會人士，他們不願意與剝削原住民的西班牙政府有任何瓜葛。耶穌會的聖羅格・岡薩雷斯（Roque Gonzalez）就是一個例子，他因為不滿他的哥哥亞松森（Asuncion）市長奴役原住民，而與他哥哥決裂。教會護衛原住民，耶穌會的會士就是支持人權的例子。

思科卡拉比：關於西班牙佔領南美洲的事，一般來說，猶太人沒有參與其事，唯一被提到的，是有些自稱不信猶太教的猶太人來到拉普拉塔河口（Rio del la Plata）。我們應該不會忘記，據文件記載，一八一〇年秘魯的利馬宗教裁判法庭接到請願，要求將一些謊稱自己不信猶太教的猶太人驅逐出境。這些都記載於博萊斯勞・利維（Boleslao Levin）的研究報告中。無論如何，猶太人在當時南美的社會及政治方

1. 奇卡（Chicha）是南美人用玉米釀造的一種酒。

面都沒有任何影響力。

直到一八八〇年，在猶太慈善家拜倫・赫爾希（Baron Hirsch）的協助下，才開始有大批猶太人移民到南美洲內陸，建立了許多農業殖民地，包括：阿根廷的摩西威里（Moisesville）及馬瑞西歐（Mauricio）等地。這也幫助了博第薩・艾爾伯蒂（Juan Bautista Alberdi）的夢想得以實現，在他所著的《拉斯基地》（*Las Bases*）一書中說：「阿根廷國家發展的關鍵之一，就在於吸引歐洲移民。」

猶太人出現在阿根廷的文化中，首先是在科學與文學的領域，代表人物有：亞伯特・赫爾丘諾夫（Alberto Gerchunoff）、伯爾納德・維畢斯基（Bernardo Verbitsky）、凱撒・提安珀（Cesar Tiempo）以及許多重要的學者。在政治方面，直到一九一〇及一九二〇年代，當第二波的猶太移民從土耳其及東歐帶來了他們的社會主義觀念後，猶太人才出現在阿根廷的政治領域內。這也是為什麼我們看到參與阿根廷政治活動（特別是在工人運動）的猶太人，譬如著名的迪克曼兄弟，都是屬於社會主義或共產主義黨派的原因。此外，也有些是無政府主義者，譬如眾所周知、暗殺了警察局長雷蒙・法爾康（Ramon Falcon）的賽門・羅德維斯基（Simon Radowitzky）。

後來，猶太社區深入參與反納粹的活動。我這裡說的是「猶太文化」，因為你知道，猶太主義是一個總體性的稱呼，代表一個價值體系，但不一定完全遵守猶太教的規定。在那時候，猶太文化的動向是基於來自歐洲的猶太移民的理念，這些移民組成的政治團體，將這些理念帶到阿根廷來。在那同時——我講的是一九二〇及一九三〇年代——舉足輕重的「猶太復國主義」（Zionism）正汲汲於將他們的社會主義理想帶進祖先的故土。在另一方面，同樣秉持社會主義的「猶太勞工聯盟」（Bundists）則認為猶太社區應參與全球性的事務。這兩種情形都說明了為何參與阿根廷政治的猶太社區都明顯地具有社會主義的色彩。

至於猶太人怎麼看待阿根廷前總統裴隆和他所代表的「裴隆主義」[2]，我認為它值得我們仔細審視，並且持續不斷地觀察與注意。我們能夠確定的是，裴隆讓納粹科學家及殺手進入阿根廷，但在另一方面，他在一九四九年以色列建國之始就率先承認以色列的國際地位，因此他與猶太社區關係良好。步街道大會堂（Gran Templo on

2. 編注：「裴隆主義」是阿根廷政治強人胡安・裴隆（Juan Domingo Peron）提出的政治理念，主張中央集權，排斥英美勢力，提倡介於資本主義與社會主義之間的「第三條路」。

Calle Paso）的安姆藍·布魯（Amram Blum）拉比就與裴隆關係甚深。

在這方面，「阿根廷猶太協會代表」試圖盡量與政府保持距離，但是支持裴隆主義的人另外成立了「阿根廷猶太組織」（Organizacion Israelita Argentina），導致了猶太社區唯獨一次的分裂。對猶太人而言，一九三〇及一九四〇年代是非常難過的時期。有些教會團體出來反對我們，做了許多尖銳的批評。也有非常極端的民族主義及反閃族主義的團體存在，與今日的情形不可同日而語。

教宗方濟各：那是民族主義達到最高潮的時期，但不知為何天主教被很不公平地牽扯進去。即使到現在，仍有些宣揚極端民族主義的雜誌指責我陷入異端，因為我與其他族群對話。但是，我要用一個故事來呈現來自歐洲的猶太移民帶給社會的影響。有一天，有一位老年人來找我。他自我介紹說，他是代表退休人士來見我。他是裴隆政府時期的前裁縫業公會會長，胡立安·利柏曼（Don Julio Liberman）。他是一個共產黨員，也是阿根廷人，父母是波蘭移民。他童年時曾回到波蘭去，後來又回到阿根廷，接受徵召入伍，然後在這裡定居下來。開始談話後不久，我發現他非常友善，總體來說，他的態度非常謙和，我們有時會聚在一起聊天。

有次，他說他要告訴我實話，他不算是個信徒，他是你剛才提到的社會主義猶太人團體的一員。他九十二歲了，是個很頑強的猶太人。他雖然因為年齡太大而離開了工會，但仍繼續為了退休人員的福祉而戰。這些歐洲猶太人所帶來的社會競爭有很多好處，因為這激發了阿根廷人的社會良心。我懷疑大部分的人都不是信徒，正如胡立安告訴我的一樣。

思科卡拉比：沒錯，他不是個信徒，但是如果我們誠實地想想，就會知道想要明確地定義並劃分信仰與思想的界線，是極端困難的一件事。有些人會說，所有猶太人都是社會主義者，因為他們來自卑微的家庭，他們對貧窮與社會的不公義有刻骨銘心的痛苦經驗。但是，有些在同樣生活環境下長大的人，並沒有成為社會主義的忠實衛護者。在這同時，我對那些與神抗爭的人感到好奇。在那些人的心中，聖經中的社會主義思想究竟有多少分量？因為諸位先知們，尤其是亞毛斯（阿摩斯）、耶肋米亞（耶利米）和依撒意亞（以賽亞），他們都聲嘶力竭地以神之名非常直白地宣講，要喚起人們的良知，以確保社會的公義。這又引起另一個疑問，也許那些人不是在與神爭鬥，而是在與宗教組織爭鬥。

教宗方濟各：情形確實就是這樣。以那些來自天主教傳統的社會主義者為例，他們離開宗教，為了社會公義而奮戰，但他們與教會架構有衝突，對信仰生活方式也有所不滿，因為有些信徒沒有成為橋樑，反而成了一面磚牆——他們成為自己信仰的障礙，他們的信仰只是為了自己的益處、為了自己的意識型態，或是為了讓自己能夠心安理得。我們可以說，教會中有些握有權力的人，他們處理事物的方式是有缺陷的。

另一個是關於慈善工作的問題，就像漫畫書《娃娃看天下》（*Mafalda*）中的小蘇珊娜[3]所做的：「我賣冰棒、三明治、小蛋塔，還有其他好吃的點心來募款，這樣我就可以買玉米粥、乾饅頭，還有那些只有窮人家才會吃的豬食。」這不是出自基督徒的精神，也不是社會主義者的精神，更不是出自信仰的教導。拉比，這是出自你剛才說的那種情形：現在如果有位神父像亞毛斯先知一樣宣講，他的話要翻譯成「波田露語」[4]別人才聽得懂，群眾會將他當作共產黨員或激進分子來審判，他們會用盡方法要將他下到牢獄裡。天主關於社會公義的話語遠超過我們能說或能做到的，也超過我們的社會願意容忍的程度。

一九七〇年代，百家爭鳴，社會運動尤其興盛。在那時候，一個神父不應該做像小蘇珊娜所做的那種「慈善」，而必須與貧困者促膝而坐。問題是，有些神父後來落入意識型態的陷阱。有些神父拋下了傳教工作，遠離了教會的健康發展，而受到制度的壓制。在那些年內，羅薩里奧省（Rosario）及門多薩省（Mendoza）都有神父反叛的事，在那裡，紀律、宗教與社會都混淆了。

還有一件事就是先知的嚴厲。最初幾個世紀的初期教會有很多這樣的例子，金口聖若望的講道就是其中之一。如果今天有個神父用同樣的言辭來講道，他會和先知一樣，讓教堂內一半的人都覺得憤慨，因為他的指責是指名道姓的。

教會一直注重它的社會責任，這點只要看阿根廷的教堂有孤兒院、學校及醫院就可以知道。教會內不論男女，很多人都獻身於社會工作。神父與社會弱勢族群一起工作，從一九七〇年代開始就不是新鮮事了。光是一九七〇年代，就已有六十八名修女在黃熱病流行時幫助病人與亡者。後來，平信徒開始以社會福利機構的型態接

3.《娃娃看天下》是阿根廷最暢銷的漫畫書之一。蘇珊娜是書中最沒同情心、愛說人閒話的一個角色。女主角瑪法達是個憂鬱、說話卻很有哲理的小孩，她周遭的人物也多半是小孩。

4. 波田露語（Porteno）是指沿著拉普拉塔河岸，從港口一直延伸到布宜諾斯艾利斯全境人所使用的一種方言俚語。

管福利工作。特別值得一提的是「伊娃．裴隆基金會」（Fundacion Eva Peron）。裴隆總統夫人伊娃所提議的社會責任途徑是從勞工部長開始，後來她的基金會與「慈善會」（Beneficent Society）發生衝突，因為她進一步地合併了更多社會機構。

拉比你看，剛開始時，教會並沒有與裴隆對立，他與教會內一些神父的關係非常密切。裴隆想要使用教會中一些關於社會的教義，其中很多是用在他的書及計畫中，雷茲斯坦西亞（Resistencia）教區的狄卡洛（De Carlo）主教是其中一個提供這些資料給裴隆的人，他與裴隆的支持者是好朋友，並幫助他們寫了一些社會書籍。他與他們合作無間，以致裴隆政府為他在雷茲斯坦西亞市的進口處交流道附近建了一座修院。每次裴隆到那裡去時，就站在修院的露台上對聚集在交流道的民眾講話。狄卡洛主教因此被人輕視，也被指責他太過介入新政權的政治。他是位很好的主教，他說他從未違背良心，這是事實。

有個有趣的軼聞：有次裴隆又去雷茲斯坦西亞視察時，他對聽講的群眾說他要澄清一個流言：「他們說狄卡洛屬於裴隆派系。他們錯了，應該說裴隆是狄卡洛派系才對。」一起初有些基督徒幫助裴隆，為他辯護他的社會主義途徑。後來，與這派人並存的另一群人（多數是偏向自由派的）集合成反裴隆的潮流。這些人加入了「激進公民聯盟」，與保守黨及社會主義的精英分子在選舉時成立了民主聯盟。

剛開始時，教會與裴隆政權仍然保持良好關係，甚至得到一些像宗教教育之類的助益，這樣是好是壞，那是題外話。然而，在裴隆總統夫人伊娃過世之後，雙方開始疏離。也許是因為教會當局不善於處理此種情況，雙方衝突的結果，導致了一九五四年的攤牌。

我記得小時候在報上讀過一篇文章，標題是〈紳士與主教的豐盛餐桌〉，這是第一個攻擊。此後，互相的衝突不斷，許多無辜者因而喪生。軍方內部的民族主義團體不在乎居住在五月廣場的平民性命，派遣了飛機，機身上寫著令人無法置信的字樣：「基督征服者」。那讓我厭惡，也讓我十分生氣；我憤怒是因為它以基督之名行一件純粹政治性的行為，它混合了宗教、政治，以及純粹的民族主義。無辜的人民被冷血地殺害，我無法接受「這是為了保衛國家」的說詞，因為你不能以保護人民的名義來殺戮人民。

不論是說教會支持裴隆，或是說教會反對裴隆，都是太過簡化的說法。這個先合後分的關係，比單純的支持或反對要複雜許多。剛開始時是支持，後來有些高層與他們過從甚密，最後是對立。相當地複雜，如同裴隆主義本身一樣。

我還要說明一下。通常新聞媒體說到「教會」時，他們是指主教、神父這些聖統制的神職，但實際上，教會是指全體的天主子民。在那些日子裡，有些後來被稱為「小黑頭」的人繼續做天主教徒，也繼續做裴隆的熱忱擁護者，雖然政府曾試圖要把教堂燒毀。

27／從衝突走向合一：在和諧的差異中同行

ON THE ARAB-ISRAEL CONFLICT AND OTHER CONFLICTS

思科卡拉比：一般人在談論以色列與阿拉伯世界的衝突時，通常是以他們最近看到的情況為基礎，而完全不管事件的歷史背景。我認為立刻停止暴力的升級是非常重要的，前埃及總統安瓦爾．沙達特（Anwar Sadat）在訪問以色列時說過：「我們會有很多會談，但不會再有戰爭。」不能再有炮火聲了——我們必須找到和平共處之道，並繼續不斷地努力。

很不幸的是，即使以色列人哭著悼念他們的受難者，也有許多在加薩走廊（Gaza Strip）的巴勒斯坦人民生活在痛苦悲慘中，卻還是有太多人從這個現況中獲利。除了那些利用這種衝突並從中牟利的人之外，還有在國際市場上把一桶原油看得比人命還重的人；再加上基本教義派的那些人，他們從以阿衝突中得到滋養，並賴以存活。伊朗需要有這種衝突，才能透過

「真主黨」（Hezbollah）來影響敘利亞及黎巴嫩，並且透過「哈瑪斯」（Hamas）[1]來影響加薩走廊。他們的夢想是要重建「波斯大帝國」，恢復什葉派的權力，令所有異議者都臣服於伊朗教長的神權統治之下。

曾經有一段時間，和平運動在以色列境內非常興盛，這個運動在希伯來語稱為Shalom Achshav，意思是「立即和平」（Peace Now）。很遺憾的是，另一方沒有這樣的組織，我從來沒看過有哪個二十萬巴勒斯坦人的群體高呼：「讓我們達成和議，創造和平！」文獻上記載，當巴拉克（Ehud Barak）與阿拉法特（Yasser Arafat）[2]會面時，巴拉克同意了這位巴勒斯坦領導人的所有要求，包括以色列的部分領土。對巴拉克而言，這是非常危險的行動，因為以色列右派人士及許多民眾都認為耶路撒冷是永恆而不能分割的。阿拉伯人祈禱時面向麥加，以色列人祈禱時面向耶路撒冷。然而在和平的名義下，一部分的耶路撒冷可能要由某種型式的巴勒斯坦政府管理，甚至阿拉法特還繼續要求更多，結果所有談判都破裂了。巴拉克回國後被迫辭職，因為他沒有達成和平協議。相反地，阿拉法特回去後，卻受到英雄式的歡迎。

當然，一個巴勒斯坦政權是必須存在的，因為有些人認為巴勒斯坦是他們的國家。無論這事何時發生，都表示以色列找到了真誠的協商對象——如果神希望以色列成為一個民主的國家。猶太人最珍惜的典型願望就是「和平」，〈依撒意亞先知書〉（以賽亞書）第十九章的結尾非常有力，那一段提到，到了那一天，在埃及、以色列、亞述（也許我們應該把它當作敘利亞）之間，將有一個協定，這個協定會使整個世界都受到祝福。

我們必須去改變討論這些事情時的那些用詞，我們也應該努力將我所稱的「無恥的政治」轉換為對偉大的渴望。宗教議題常被人以最扭曲的形式與最傷人的方法提出來討論。我們以前在談話時曾提到過，已經有太多人被殺害，有太多殘暴事件都是以神之名而做的。如你先前所說，一九九五年在五月廣場上的許多人，也是被人以基督之名所殺害。

今日，在中東地區，人們不斷地以神之名互相殘殺。唯有當雙方都願意放下自我，一方不再偷取鄰人賴以維生的食糧，另一方不再嫉妒鄰人富裕而去破壞，這種情

1. 編注：「真主黨」和「哈瑪斯」都是伊斯蘭政治和軍事組織，經常進行反對以色列的恐怖攻擊。
2. 巴拉克是一九九九至二〇〇一年以色列的第十任總理。阿拉法特則是巴勒斯坦解放組織的首領，後來成為新成立的「巴勒斯坦自治政府」（National Palestinian Authority）的主席。

況才可能改善。為何不將加薩走廊轉變成中東的香港？為何不改善它，使之成為人們可以安居樂業之所？最重要的是每一個人的生命，猶太人與巴勒斯坦人有同樣的生存權利；但是，巴勒斯坦人也要了解這一點。

我不是在講一般小市民，我講的是他們的領導者——那些認為消滅對方是偉大的行為、將會使他名垂千古的人。所有型態的極端主義都是錯誤的，任何一個認為他們應該統領世界的團體都是邪惡的。有時我在想，為何神要將世界造成圓的？我想到的答案是，這樣在地球上的每一點都是平等的，沒有哪一個地區比別的地區重要，因為它們都是相同的。

教宗方濟各：你從解釋歷史上某個關鍵時刻的政治因素開始，到最後闡明了人類關係的全備的智慧，這令我想起很久以前與一位年長者的交談。他那時正在經歷一個靈性上很煎熬的時刻，正在以某種方式省視自己的生命過程。他告訴我，他有個還無法解決的家庭問題，他說：「這是我生命中的一個失敗，也許是因為我從沒找到那條路。」

這句話讓我十分震撼。有時，只要有人幫忙指出道路，人與人的關係就能解決，因為當一個人有問題時，他只會看到前面有座山，其他什麼都看不見，需要有人來告訴他：「你可以走這邊看看，或試著走那裡，會比較好。」當我與別人發生磨擦時，我會先想想早期教會的埃及修士們的方法：他們會先把事情歸咎於自己，以找到問題的癥結；然後他們會把自己置於對方的處境，來看自己內心是哪裡出了差錯。這方法對我很有幫助。我也這樣來檢視自己的內心，看看事情是哪裡出了問題。

這樣的態度讓我的心靈得到自由，然後我便能寬恕別人的錯誤。我不需要太在意別人的錯誤，因為我也有錯，這是我們兩個人的失敗。人與人之間的和諧，必須要尋找方法來達成。拉比，我想這就是你剛才這段分享的重要涵義。這是化解仇恨的方法。

思科卡拉比：從文化上來說，我們生於一個受到媒體強烈影響的世代。讓我厭惡的是，他們在每個議題上都要爭個高下，好像那是足球比賽一樣。任何事物都不會只是黑與白——事物遠比這複雜——但是媒體總是以迷信宗教式的狂熱，盡是做一些虛假與膚淺的爭論。他們心心念念所追求的唯一目標，就是為最新的消息製造一個聳人聽聞的頭條標題。

在另一方面，大多數討論政治或社會議題的深度書籍，多是用專業或哲學的語彙寫的，總是讓普羅大眾讀得一頭霧水。再者，許多有能力的人想要用他們的才智與無比的熱忱來維護他們的立場，但是真理只能經由謙遜的態度來尋得，而他們缺乏這種應有的自制力。於是，媒體就習慣了以這種煽情的方式來報導以阿之間的衝突。

教宗方濟各：媒體以黑白對立的方式來報導新聞，是一種罪惡的傾向，他們總是喜歡衝突勝過合一。你剛才所說的「謙遜」，是在與神相遇的道路上用來弭平障礙的必要之物；喜好衝突只會在這條路徑上增加障礙，但是天主的聖神會在我們弭平障礙的努力中彰顯祂自己。韓德爾在神劇〈彌賽亞〉（Messiah）一開場的部分就非常優美地處理了這個議題，他讓男中音唱〈依撒意亞先知書〉中的一段經文：「一切深谷要填滿，山陵要剷平……」[3]如此一來，被削為平地的平坦路徑，便能迎接天主的救贖；而尋找這樣的道路，就是通往合一的預言。

你講到媒體的罪惡，我要將這延伸至所有喜好強調衝突、採用黑白對立方式的新聞報導。現今的社會之所以會錯誤資訊充斥，就是因為媒體常依自己喜惡而斷章取義。這種喜好衝突的方式會造成許多傷害。如果我拿五份報紙來比較它們對同一件事的報導，很可能就會看到五種不同版本的故事，每份報紙都只依它們的傾向，強調它們最感興趣的部分。

思科卡拉比：我常在想關於衝突的問題……當我在讀弗洛依德時，我喜歡他說的「人必須要解決他自己內在的衝突」。一個人解決這個衝突的方法，將會決定他以後真正會做些什麼事。醫生要是沒有某種程度的攻擊性，就無法從事他的專業，因為拿起手術刀，或是給人注射、抽血，這些動作的本質都帶有一些暴力性。但是醫生將這些暴力性導向正當的事。

研究每一個人如何善用他的侵略性與毀滅性，是非常重要的事。我相信我們都有善的傾向與惡的傾向——這不是弗洛依德的創見，早在兩千多年前，猶太拉比的教導中就已經指出，我們需要知道如何將惡的傾向轉變為正向的事。如果我們的心中不存在這樣的念頭來解決衝突，就會落到今日世界的景況，因為缺乏了謙卑的面向。梅瑟（摩西）能成為最重要的先知有很多原因，但是最主要的原因，是因為他是最謙卑的人。

3. 依撒意亞先知書（以賽亞書）40章4節。

教宗方濟各：聖經最前面幾頁就出現衝突了：有亞當及厄娃（夏娃）被逐出伊甸樂園的敘述，也有加音（該隱）殺害亞伯爾（亞伯）的場面，後來還有巴貝耳塔（巴別塔）的事件，以及黎貝加（利百加）與厄撒烏（以掃）及雅各伯（雅各）的衝突。耶穌在世時，他的門徒也常會造成緊張氣氛。這表示即使在信仰生活中，衝突也是免不了的。更何況，如果我們不認真地思考關於衝突的問題，就不可能了解〈默示錄〉（啟示錄），甚至聖經本身。

關鍵在於，如何依照天主的聖言來化解衝突。我認為我們絕不能以戰爭作為解決之道，因為那意味著關係緊張的一端要把另一端吞滅。我們也不能強將兩個極端合併在一起來解決問題，這種混合體沒有未來。必須要從更高的層面來解決兩個極端的緊張，目光要放遠，不是要成為混合體，而是要成為新的一體——保持雙方本質，兼容並蓄，才能往前邁進。不是吞噬，不是混合體，而是新的個體。好像基因的密碼一樣，這是人類進步的途徑。一個真正解決衝突的思想，必須勇於突破，尋找解決個人衝突以及社會衝突的途徑，以期建立一個能聯合雙方特質的個體。

著名的德國信義宗神學家奧斯卡・庫爾曼（Oscar Cullman）在論及如何使基督

宗教各支派合一時說，我們不能一開始就希望所有人的想法都一致。他建議我們應該先在和諧的差異中同行；他化解基督宗教各派別彼此衝突的方法是一同前行、一起工作、一起祈禱。他要求我們不要互扔石頭，而是要繼續同行。以這種漸進的方式解決衝突，才能包容所有特質，不偏廢各自的傳統，不陷入合併主義的窠臼。每一方都從他們自己的特質出發，在和諧中尋求與真理的合一。

思科卡拉比：人總是活在衝突之中，那裡顯示出他的偉大，也可能顯示出他的墮落。《塔木德》中提到，人同時具有天使及野獸的特質。天使是完全的精神體，但他們沒有自由意志，他們僅是聽命於神。在另一方面，人擁有自由意志，因此兼具了野獸與天使的特質。就是這些特質，在不斷地彼此衝突。

28/ 共同的挑戰：跨宗教對話

ON INTERRELIGIOUS DIALOGUE

思科卡拉比：曾有一位神父向我指出，在馬德普拉塔市（Mar del Plata）有些宗教沒有參加我們國家的慶典，雖然這是他們的傳統，卻仍是可以改變的。這句話深深印在我心上。

教宗方濟各：我不知道你是否記得，在總主教的就職感恩祭結束後，我與教廷大使從台上下來，陪著總統，送他到門口。那時各宗教團體的代表仍在各自的位置上，好像展示的木偶一樣。後來我改變了這個傳統。現在，總統會走上來，向其他各宗教代表致意。這是朝向你所建議的方式前進的一步。從二〇〇九年在薩爾塔（Salta）的感恩祭開始，這典禮就分成兩個部分，不光是有傳統古典的聖詠、聖體禮儀、講道以及天主教的祈禱，還有其他宗教的代表可以呈現他們自己的祈禱。現在，大家可以參與得更多。

思科卡拉比：對我而言，這些做法意義深遠。這是表達人們重視「跨宗教對話」的一種方式。

教宗方濟各：你在這方面的努力非常重要。我不會忘記你曾兩次邀我到猶太會堂祈禱與演講，我也曾邀請你到我們修院來講述價值觀。

思科卡拉比：你的勇敢態度也非常重要，因為我相信你們教會一定有些人有不同的想法。

教宗方濟各：基督教福音派教會第一次邀我參加他們在月神公園（Luna Park）的聚會時，整個運動場都坐滿了。那一天，一位天主教神父及一位基督教牧師都做了演講，兩人穿插著各講了兩場，中午時間休息吃三明治。中間某個時候，一位基督教牧師請大家為我及我的牧職工作祈禱。他有先問我是否接受他們為我的祈禱，我回答說，我當然接受。當他們祈禱時，我第一個想到的就是跪下——一個非常天主教的姿勢——以這個姿勢來接受他們的祈禱與在場七千人的祝福。

二個星期後，有本雜誌的標題這樣寫著：「布宜諾斯艾利斯，群龍無首。總主教變節叛教！」對他們而言，與外教人一同祈禱就是變節叛教。就算是和一個對天主抱著懷疑的不可知論者，我們也可以一起仰望、尋找超性的啟示；每個人都可以依他自己的傳統祈禱。這有什麼問題嗎？

思科卡拉比：我有個非常要好的朋友，是一位很特別的拉比，他的名字是塞繆爾・阿維多・哈客漢（Shmuel Avidor HaCohen）。他比我年長許多，是以色列和平運動「立即和平」的創始人之一。他在很多方面都是個改革者。哈客漢曾為另一位傳奇性的拉比，亞伯拉罕・依撒格・哈客漢・庫克（Abraham Isaac HaCohen Kook）寫過傳記。

庫克拉比是二十世紀前半期的人，他曾說：雖然以色列集體農場「基布茲」（kibbutzim）離經叛道，但那些設計並創建基布茲的人，做的是虔誠的信仰行為，因為當以色列的土地仍在土耳其人的佔領下、仍是一片沼澤時，他們就回到了那片祖國的土地。對他而言，那時歐洲猶太人還不被允許回到那片土地，而他們藉由在那片土地上工作來恢復猶太人的尊嚴，就是一個虔誠的舉動。

他是個不畏潮流、逆向行舟的人，就像你在基督教的禮拜中跪下一樣，這就是庫克拉比之所以把他的書名取為《一個反潮流的人》（*Man Against the Current*）的原因。

從這個角度來看，我欣賞你在感恩祭典中所做的改變，讓總統向各宗教領袖致意，也讓他們當中的一些人講道。在一個古老的組織內要做這些改變，不是容易的事。我敬佩你試著突破這個陳舊的惡性循環。這是我們的工作，也是我們的挑戰。

29／宗教永遠有它的未來

ON THE FUTURE OF RELIGION

思科卡拉比：宗教永遠有它的未來，因為它代表了人類對生命意義的深入追尋、因之而來的內省，以及與神的相遇。只要生命仍舊是個奧秘，而人類仍舊好奇是誰創造了自然的規律——我相信這些問題是永恆而持續的——那麼宗教的觀念就會繼續存在，顯示出我們迫切地想要知道我們是誰。

只要人無法找到這些問題的答案，他們就會渴望更接近神，那就是奧秘的本質。至於宗教將來會變成什麼樣子，那是另一回事。我毫不懷疑人們會繼續保持他們對宗教的情感，我們不曉得的是他們將會如何組織或採用什麼型態。最大的問題在於，我們現在熟悉的宗教體系是否還會繼續存在，以及傳統的宗教是否還會繼續發展。這些事會受到其他變數的影響。

教宗方濟各：拉比，聖奧古斯丁有句話，與你剛才所說的方向頗為相符。他說：「上主，祢為了祢自己創造了我們，因此我們的心無法安息，直到它們安息在祢內。」這篇禱詞中最重要的部分就是「無法安息」這幾個字。如果我們誠實地面對自己的感覺，就會覺察到在尋求超性生命的背後，有一種很深的不安穩感，是這種感覺促使了我們與祂相遇。當我們體驗了這種相遇之後，就會開始另一個追尋，如此繼續不斷，一次比一次更深入。

我喜歡將這種不安穩的感覺形容為存於我們之內的天主的氣息，這是祂在我們內心留下的記號。許多時候，即使是從未聽過天主話語的人，或是一生都對宗教持反對立場的人，或是主張唯有透過經驗才能確認的「內在論」（immanentist）者，他們也會突然遇到一些超越他們所能理解的事物。只要這種不安穩的感覺繼續存在，宗教就會繼續存在，作為人與天主結合的途徑。

「宗教」這個名詞的正確意義，是經由追尋而與天主產生密切的關係。如果一個宗教只有純粹的禮儀而沒有相稱的內容，那它註定會消失，因為它使你充滿禮儀，卻讓你的的心仍然空洞。我同意你說的，宗教會延續下去，因為這種不安穩感是一種遺傳的人類天性。宗教將來會變成什麼樣子，只有時間能告訴我們。你認為呢？

思科卡拉比：歷史會怎樣演變，是非常難以預測的。我們可以從聖經的敘述中看到，宗教原本是從個人——亞巴郎（亞伯拉罕）、梅瑟（摩西）以及先知們——開始的，他們向神靠近，神卻要他們回到人群裡去，因為「與神親近」這個訊息必須要有人揭示給整個族群。於是，這最早的種子、個人的對話，就伴隨著其他的想法及動機，開始交織在日常的生活中。

這樣的結果是非常有益的一種轉換，因為如果一個宗教不能成為生活的一部分，它就永遠只是哲學的理論。猶太人相信宗教就是我們如何生活的方式，正如《托拉》所說：「做上主眼中正義與良善的事。」但是，如果我們想要把靈性「實際化」，就是把它降低到日常例行公事的層次，於是不同的動機便開始混雜在我們的宗教認知中。許多時候，這些因素壓過了最初與神相遇的純淨與美好，最後使其扭曲變形。也因為如此，當我們在討論宗教的未來時，其實是在討論人類的未來及其歷史——幾乎像是作政治與社會學的預測。

我聽過一些基督徒提倡回到最早的「小堂區制度」（parochialism），這也是我個人喜愛的想法。這想法是回到小團體來培養他們自己的靈性，而不是有層級的超大型宗教組織。我不知道你有沒有聽過關於這種觀念的討論，但我喜歡這種觀念：不是只有一個龐大的組織，而是有著許多由非常活躍的家庭所組成的小團體，這些有共同信仰的小團體透過彼此交流互動，一起執行大型的方案（譬如社會服務）而仍能保持各個團體的獨立性。

另外，我聽說現在有些歐洲人開始尋找他們在腓尼基人之前的來源。我覺得這非常有趣，因為這是深入的尋根，而不是前瞻的想望。這會如何影響到歐洲人對宗教的態度呢？以猶太教而言，我們看到拉丁美洲的偏激教派，不論是左傾或右傾的，都有復甦的現象。中間路線的消失了。我們現在的情況，日後會變成怎樣呢？說實話，我不曉得。

我時常注意我們鄰近的基督教會有怎樣的變化，因為有些趨勢似乎會在所有宗教中同時出現。我們對街有許多新教堂成立，也許他們是在尋求獨立，脫離那不能讓他們滿意的中央組織。當我看到這現象時，我感到一個非常大的危機。法國大革命之後，社會又以種族區隔的形式回復到分裂的狀態。在那之後，雖然曾多次想要重建往日大帝國的光輝，但不管早晚，最後都難免像南斯拉夫一樣分崩離析，南斯拉夫到現在仍在繼續分裂成更小的區塊。

我知道，我前面說到的「小堂區主義」意味著每個人都回到他們的根源去。現在我們不曉得這種新狀況是否會讓我們達成和平，或者至少能做到不是交戰的狀態。我很確定先知告訴我們的是，如果我們能做到以對話來超越目光狹窄的利益考量，那麼宗教就會興盛，無論堂區制度的範圍是多大。

教宗方濟各：只要看看歷史，就會知道天主教會的制度有過顯著的改變。譬如，在教宗國時代，政、教權力是合一的。那是扭曲的基督精神，不符合耶穌或天主的要求。既然在歷史上宗教經過這樣多演變，我們又怎能認為教會將來不會與時俱進，以符合時代的文化呢？

宗教與文化間的交談是十分重要的，這也是梵諦岡第二次大公會議的建議。從一開始，教會就要求持續地對話，教會必須不斷革新，不同的時代有不同的型態轉變，但不是信仰真理的改變。將來必會有不同的方式去適應新的時代，就像現在的方式，與王權至上（regalism）時代、轄區主權（jurisdictionalism）時代或專制主權（absolutism）時代的方式都不相同。

拉比，你也提到了小堂區制度。這是一個關鍵，現在的趨勢是朝向以小團體作為信仰的歸屬所在。這是為了回應對個人認同的需求，不只是信仰上的認同，也是在文化上的認同——我來自這個社區，來自這個社團，來自這個家族，來自這個宗教……所以我有一個歸屬的地方，我可以在這個身分中確認我自己。

基督宗教的起源是「小堂區」的。我們在讀〈宗徒大事錄〉（使徒行傳）時會注意到，基督徒的人數有大量的增加：在伯多祿（彼得）第一次講道時，有三千人領洗，後來他們被分別歸入小團體。問題在於，當堂區失去了本身的生命力時，就等於被併入更高一層的架構裡去了。堂區的生命來自歸屬感。

拉比，我記得有一次我去找你聊天，你帶我去拜訪你們會堂負責社會工作的那位女士，剛好碰上他們在打包物資，要援助那些需要幫助的人們。會堂或堂區帶領我們去關懷我們的弟兄，這些地方將信仰轉變為行動——就這個例子來說，更算是一種社會福利的行動。

當然，這些行動也有其他不同的型態，譬如：教育、增進人權……等等。為了這種型態的行動，我們曾被人指責，說我們涉入與我們無關之事。舉例來說，不久之前，我在布宜諾斯車站做了一台彌撒，想要喚醒社會大眾關懷販賣人口的受害者、血汗工廠的奴隸、被剝削的清道夫、被利用來販毒的兒童，以及被迫賣淫的少女。後來這成為一個大規模的抗議活動，有許多非天主教人士參加。這些人與我信仰不同，但他們與我一樣，關懷他們的弟兄。

我不是介入政治，而是介入我兄弟們的生命，他們身處在絞肉機中，在奴隸工廠內。確實，有些人利用這種機會進入政壇。因此，在這種情況下，分辨該如何行動是非常重要的事。

思科卡拉比：正如依撒意亞（以賽亞）先知所說：「不要避開你的骨肉。」[1]

教宗方濟各：我用的聖經版本的翻譯是：「不要以你的骨肉為恥。」信仰上的關係意味著承諾，而非逃避。在天主教靈修的歷史發展中，有所謂的「出世型神修」[2]，但如今觀念已經完全不同了，我們必須入世，而這也都是從對信仰的認知中出發的。

你剛才提到，某個現象出現在一個宗教上，就很可能會出現在其他的宗教上。當

1. 依撒意亞先知書（以賽亞書）58章7節。
2. 「出世型神修」（**fuga mundi**）拉丁文的意思是「逃離世間」或追尋一個完全孤立的神秘生命。

信仰降格成一種意識型態時，問題就十分嚴重了，因為這時對信仰的認知已失去了它的力量，只留下空虛，因此宗教會轉求於世俗的理念來填補它自己。

另一個危險，是宗教以非營利事業機構的心態，為了它本身的益處去行善，而不是本著對信仰的認知去做。有些宗教團體就這樣不自覺地陷入成為非營利事業機構的危機中。問題並不是要做些什麼事來幫助我們的近人，而是你要怎樣祈禱？你要如何幫助你的團體去經驗天主？這些才是主要的問題。

思科卡拉比：現在回頭去看，小堂區制度是在大約四十年前出現在猶太社區的。一直到一九六〇年代末期，仍有學校系統教授猶太文化，也有猶太復國主義青年運動以希伯來文教授各種歷史及傳統文化課程，但是，沒有重要的信仰發展。就是在那時，保守主義運動開始在阿根廷傳開，會堂也逐漸成為不僅是祈禱的地方，也是兒童活動的場所。我們也可以在這裡展開大型的慈善活動，幫助有需要的近人。

我要再補充一件我認為很重要的事：為了在將來達到更深的信仰認知，我們的宗教領導者必須表現得更加謙遜。所有人在教導自己的孩子時，應該說明他們是在講述他們自己所認定的真理、他們自己的宗教信仰，但是他們會很樂見自己的後代能夠由此提升自己的信仰，並使其更加完善。

貶低或駁斥別人的宗教、只相信自己代表的才是真理，這樣的行為是絕對錯誤的。如果我們能夠培養出真正謙遜的態度，就能改變這個世界。當米該亞（彌迦）先知指出要如何才算是一個虔誠的人時，他說：「要履行正義，愛好慈善，虛心與你的天主來往。」[3]

教宗方濟各：我完全同意這個謙遜的概念。我也喜歡用「溫良」（meakness）這個名詞。溫良不是軟弱。一個宗教的領導者可以非常強韌、非常堅定，卻不顯出攻擊性。耶穌說，為首的必須要像僕役一樣，我認為這個觀念適用於任何教派的神職人員。宗教領袖的真正權力來自於服務。當一個神職人員不再為人服務時，他就變成只是一個經理，一個非營利組織的代理人。一個宗教領導者會與他的兄弟們同甘苦、共患難，並且服事他們。

思科卡拉比：正是如此。我不知道未來宗教會變成什麼型態，但我相信那會基於現在我們每一個人做了什麼。德國哲學家華特・本雅明（Walter Benjamin）曾說：「我

3. 米該亞先知書（彌迦書）6 章 8 節。

不知道我現在寫的書對當代是否會有任何影響，但或許會在往後一百年內的某個時間產生影響。」

教宗方濟各：我知道比起現在，宗教曾經歷過更糟的時期，但無論如何，它以新的面貌重新出現了。我們現在也許可以指出宗教團體的許多缺失，而在歷史中，有些時候宗教團體確實乏善可陳。教會曾經有過一段腐敗的時期，譬如，我想大約是在「長子繼承權」仍存在的時代，有些神職人員享有知識的特權，他們就以教導富貴人家子弟來換取優渥的生活。他們沒有任何作為，而且變得世俗。

宗教曾有過低潮的時代，但它又重新振作了。突然間，出現了一些像德蕾莎修女這樣的偉人，他們激起了人們對人性尊嚴的重視。這些人不惜耗費——從某方面來說，甚至可以說是浪費——自己的時間幫助垂死的人。他們的行為產生了神秘的魅力，讓宗教的熱情得以復甦。

在天主教會的歷史中，真正的改革者是聖人。這些真正的改革者修正、轉變、延續並復興了靈命的道路。另一個例子是亞西西的聖方濟（Francis of Assisi），他毫無畏懼地面對當時世俗與教會的財富、傲慢與虛榮的權力，獨力為教會引進了貧窮的理念。他展現了貧窮與捨棄的奧秘，他改變了歷史。在猶太教，這樣的人物是如何出現的？

思科卡拉比：我要講的這個人，他的很多作為在阿根廷的猶太人圈內飽受非議，但無疑地，他刻下了他的時代的一個記號——馬歇爾．梅爾的記號。我不能說他是聖人，因為猶太教沒有宣聖的觀念；我也不能說他所做的一切都是美好的，因為他的觀念我也無法全盤接受。但是，說到一九六〇年代猶太教在阿根廷開始蓬勃發展，則非歸功於他不可。

馬歇爾．梅爾拉比的宗教特質非常顯著。無人可以否認，他的時代有「前馬歇爾時代」與「後馬歇爾時代」之分，這樣的分別不僅是因為他為了爭取人權所做的奮鬥，也因為他為我們指出了應如何對待近人的新方法，並且震撼了阿根廷猶太社會的靈性基礎。在他過世後，尤其是在最近二十年內，又發生了另一個改變——回歸猶太教傳統的趨勢。

回到更保守嚴格的猶太教傳統生活方式，這在三、四十年前是件令人無法想像的事，連我都對這些傳統中的許多方面無法完全認同。著名的歐洲社會學家齊格蒙特．鮑曼（Zygmunt Bauman）創造的「液化現代性」（liquid modernity）這個名詞，描述的正是我們所處的時代。他說，這個世界缺乏確定性與承諾。傳統猶太教的教導填補了這些不確定性所造成的空隙。

事實上，世事總是由一個極端走向另一個極端。對於宗教的未來，我相信關鍵是要找到一條中庸之道。有些真理已經堅定地確立了，譬如：不可殺人，不可偷盜。但在另一方面，改變與自由是我們生命的一部分，我們必須要能夠思考與分辨對錯是非，因為生命的旅途不是一成不變的。

教宗方濟各：每個宗教都有一些派別強調規範而忽視人性，他們將信仰簡化為從早到晚的祈禱、如果你不這樣做就會如何如何。對他們的追隨者與心靈軟弱的人而言，這些都變成一種靈性上的騷擾折磨，也讓他們受到束縛、失去自由。

這些派別的另一個特徵是，他們總是熱中於追求權力。以布宜諾斯艾利斯而言，我們可以說這是個異教徒的城市，這樣說並不是帶有什麼貶意，而是陳述事實的狀況。由於異教信仰，這裡崇拜許多神祇，因此它容易陷入你所提到的現象。人們希望找到真實，但如果找到的只是填補空隙的法規與限制，那就陷入了另一個清教主義的極端，而不是真正的信仰。確實，享樂主義、消費主義與自我陶醉的文化已經滲入了天主教，它們影響了我們，使我們的信仰生活異教化與世俗化。這就宗教被淡化的原因，也是我最擔憂的地方。

我一向堅持，基督徒是一小群人，正如耶穌在福音中所說的。當一個基督徒團體想要擴充自己，將它轉變為世俗的權力，它就冒著失去宗教本質的危險。這正是我所害怕的。也許有人會說，現在有信仰的人變少了，但實際上，因為人心有很多不安穩的感覺，現在反而有一股認真尋找信仰的趨勢。也有人在一些較為大眾化的宗教活動中尋找天主，這是一種以更貼近大眾的態度來體驗宗教的形式。譬如年輕人到盧漢（Lujan）朝聖[4]就是一個很好的例子。他們其中許多人只有在這段朝聖的日子才會踏進教堂——百分之六十去盧漢朝聖的人，不是跟著任何堂區去的，是這種大眾化宗教活動的火花召喚了他們——這種宗教現象，我們不應忽視。

也許現在進教堂的人變少了，但是教堂為人們帶來淨化的承諾仍舊存在。雖然在

4. 盧漢聖母（Our Lady of Lujan）位於距布宜諾斯艾利斯以西大約三十英哩的盧漢小鎮，是阿根廷最受歡迎的聖母朝聖地。布宜諾斯艾利斯總主教區在一九七四年第一次舉辦到此處的青年朝聖。此後，每年十月，有超過七十萬年輕人從布宜諾斯艾利斯步行到盧漢朝聖。

體制架構外的追尋有些失去了方向，但人們追尋信仰的熱情沒有消退，仍然十分強勁。我認為，宗教領導者面臨的最大挑戰，便是如何導引這股力量。福傳工作是絕對必要的，但不是去「勸人改信宗教」（proselytism）——感謝天主，這個名詞已經從牧民字典中劃掉了。教宗本篤十六世有句非常美好的話：「教會是吸引人來信仰，而不是改變人的信仰。」

思科卡拉比：猶太教從不勸人改信宗教，但是現在有一種趨勢，我稱之為「內在的勸人改信宗教」。這不是說要將非猶太教徒改變成虔誠過猶太生活的人，而是指傳統派的猶太團體試圖將他們的制度強加在其他猶太人身上。講到這裡，我要先回到你起先提到的一件事。

宗教的領導者應該要懂得如何處理各種不同派別的表述，以及如何導引那些隨之而來的各類宗教運動。我覺得這應該是未來宗教的功能。我不認為宗教領導者應該緊握住他的團體，用鐵腕來控制他們。只有天主可以用強力的手與伸長的臂，將以色列的子民拉出埃及。

我們再回到馬歇爾．梅爾拉比的例子。當他還與我們在一起的時候，他是個非常有魅力的領導者，但是，也許就是這種過度中央集權式的領導所造成的深沉影響，使得保守派運動現在遭遇困難。可能是因為他在世時的各種環境因素使他別無選擇，必須一肩承擔所有重責大任，獨自披荊斬棘地向前推進。然而，這也阻擋了他的追隨者發展他們的全部潛能。

現在，阿根廷的生活不同了，我們需要更低調的領導者，我不喜歡那些太過具有魅力的領導者。我認為，宗教領導者是一位導師，當他見到社會的不公義時，會激起義怒，嚴厲並明確地抗爭。如果我們要說的是一種感覺很親密的宗教經驗，那麼導師不應該只是空泛地唱些高調，而是要針對每一個人，給予清晰簡潔的教導。

我不喜歡自負與自私的政治或宗教領導者。最近某些宗教運動明顯可見地在使用群眾洗腦的方式，最後導致了大屠殺的悲劇。因此，當我們論及新興的宗教運動時，要十分謹慎。當一個人帶來新的宗教訊息時，我們應給予最高的尊重，但在這同時，負責的機構也應對此事加以注意，研究他傳達的究竟是什麼訊息。任何運動對參與者的靈性要求都不應該導致他與家人的衝突，也不可以讓他陷入某種羅網，而與社交圈或親朋好友隔絕。

教宗方濟各：我尊重所有新興的宗教訴求，但它們必須是可信賴的，並且願意接受時間的考驗，因為時間會證明一個訊息只是短暫的，或是可以世代流傳的。要測試信仰是否純淨的最佳方法，就是時間的考驗。

國家圖書館出版品預行編目資料

與教宗對話：方濟各與猶太拉比談心靈、家庭與當代關鍵議題/教宗方濟各（Jorge Mario Bergoglio）、思科卡拉比（Abraham Skorka）著；王念祖譯. -- 二版. -- 臺北市：啓示出版：英屬蓋曼群島商家庭傳媒股份有限公司城邦分公司發行, 2022.02
面；　公分. -- (Soul系列；43)
譯自 :SOBRE EL CIELO Y LA TIERRA

ISBN 978-626-95477-5-3 (平裝)

1.宗教社會學 2.天主教 3.猶太教

210.15　　111000254

Soul系列043

與教宗對話：方濟各與猶太拉比談心靈、家庭與當代關鍵議題

作　　者／教宗方濟各（Jorge Bergoglio）、思科卡拉比 (Abraham Skorka)
譯　　者／王念祖
企畫選書／彭之琬
總 編 輯／彭之琬
責任編輯／周品淳

版　　權／黃淑敏、江欣瑜
行銷業務／周佑潔、黃崇華、賴正祐、周佳葳
總 經 理／彭之琬
事業群總經理／黃淑貞
發 行 人／何飛鵬
法律顧問／元禾法律事務所王子文律師
出　　版／啓示出版
台北市104民生東路二段141號9樓
電話：(02) 25007008　傳眞：(02)25007759
E-mail:bwp.service@cite.com.tw
發　　行／英屬蓋曼群島商家庭傳媒股份有限公司 城邦分公司
台北市中山區民生東路二段141號2樓
書虫客服服務專線：02-25007718；25007719
服務時間：週一至週五上午09:30-12:00；下午13:30-17:00
24小時傳眞專線：02-25001990；25001991
劃撥帳號：19863813；戶名：書虫股份有限公司
戶名：英屬蓋曼群島商家庭傳媒股份有限公司城邦分公司
書虫股份有限公司客服專線：（02）2500-7718；2500-7719
服務時間：週一至週五上午09:30-12:00；下午13:30-17:00
24時傳眞專線：（02）2500-1990；2500-1991
劃撥帳號：19863813 戶名：書虫股份有限公司
讀者服務信箱：service@readingclub.com.tw
城邦讀書花園：www.cite.com.tw
香港發行所／城邦（香港）出版集團有限公司
香港灣仔駱克道193號東超商業中心1樓；E-mail：hkcite@biznetvigator.com
電話：(852) 25086231　傳眞：(852) 25789337
馬新發行所／城邦（馬新）出版集團 Cite (M) Sdn. Bhd.
41, Jalan Radin Anum, Bandar Baru Sri Petaling,
57000 Kuala Lumpur, Malaysia.
電話：(603) 90578822 傳眞：(603) 90576622 E-mail:cite@cite.com.my

封面設計／李東記
排　　版／極翔企業有限公司
印　　刷／章懋印刷事業有限公司

■2009年6月2 日初版
■2022年2月17 日二版
定價350元

Printed in Taiwan

城邦讀書花園
www.cite.com.tw

© 2010, Cardenal Jorge Mario Bergoglio
© 2010, Rabino Abraham Skorka
© 2010, Penguin Random House Grupo Editorial, S.A.U.
Complex Chinese rights arranged with Penguin Random House Grupo Editorial, S.A.U.
Complex Chinese edition © 2022 by Apocalypse Press, a division of Cite Publishing Ltd.
All rights reserved.

版權所有，翻印必究 ISBN 978-626-95477-5-3

廣　告　回　函
北區郵政管理登記證
北臺字第000791號
郵資已付，免貼郵票

104　台北市民生東路二段141號2樓

英屬蓋曼群島商家庭傳媒股份有限公司城邦分公司　收

請沿虛線對摺，謝謝！

書號：1MA043X　　書名：與教宗對話

啟示出版
Apocalypse Press

線上版讀者回函卡

感謝您購買我們出版的書籍！請費心填寫此回函卡，我們將不定期寄上城邦集團最新的出版訊息。

姓名：＿＿＿＿＿＿＿＿＿＿ 性別：☐男 ☐女

生日：西元＿＿＿＿年＿＿＿＿月＿＿＿＿日

地址：＿＿＿＿＿＿＿＿＿＿

聯絡電話：＿＿＿＿＿＿＿＿ 傳真：＿＿＿＿＿＿＿＿

E-mail ：

學歷：☐ 1. 小學 ☐ 2. 國中 ☐ 3. 高中 ☐ 4. 大學 ☐ 5. 研究所以上

職業：☐ 1. 學生 ☐ 2. 軍公教 ☐ 3. 服務 ☐ 4. 金融 ☐ 5. 製造 ☐ 6. 資訊
☐ 7. 傳播 ☐ 8. 自由業 ☐ 9. 農漁牧 ☐ 10. 家管 ☐ 11. 退休
☐ 12. 其他＿＿＿＿＿＿＿＿

您從何種方式得知本書消息？

☐ 1. 書店 ☐ 2. 網路 ☐ 3. 報紙 ☐ 4. 雜誌 ☐ 5. 廣播 ☐ 6. 電視
☐ 7. 親友推薦 ☐ 8. 其他＿＿＿＿＿＿＿＿

您通常以何種方式購書？

☐ 1. 書店 ☐ 2. 網路 ☐ 3. 傳真訂購 ☐ 4. 郵局劃撥 ☐ 5. 其他＿＿＿＿

您喜歡閱讀那些類別的書籍？

☐ 1. 財經商業 ☐ 2. 自然科學 ☐ 3. 歷史 ☐ 4. 法律 ☐ 5. 文學
☐ 6. 休閒旅遊 ☐ 7. 小說 ☐ 8. 人物傳記 ☐ 9. 生活、勵志 ☐ 10. 其他

對我們的建議：＿＿＿＿＿＿＿＿＿＿

＿＿＿＿＿＿＿＿＿＿

＿＿＿＿＿＿＿＿＿＿

【為提供訂購、行銷、客戶管理或其他合於營業登記項目或章程所定業務之目的，城邦出版人集團（即英屬蓋曼群島商家庭傳媒（股）公司城邦分公司、城邦文化事業（股）公司），於本集團之營運期間及地區內，將以電郵、傳真、電話、簡訊、郵寄或其他公告方式利用您提供之資料（資料類別：C001、C002、C003、C011 等）。利用對象除本集團外，亦可能包括相關服務的協力機構。如您有依個資法第三條或其他需服務之處，得致電本公司客服中心電話 02-25007718 請求協助。相關資料如為非必要項目，不提供亦不影響您的權益。】

1.C001 辨識個人者：如消費者之姓名、地址、電話、電子郵件等資訊。
2.C002 辨識財務者：如信用卡或轉帳帳戶資訊。
3.C003 政府資料中之辨識者：如身分證字號或護照號碼（外國人）。
4.C011 個人描述：如性別、國籍、出生年月日。

請於此處用膠水黏貼